INHALT

VORWORT

Ich fühle mich geehrt und freue mich sehr, dass ich an dieser Stelle die Gelegenheit habe, meinen Freund Francis Chan vorzustellen. Francis zählt zu den wenigen Menschen, die man im Leben trifft und die in einem den Wunsch hinterlassen, ein besserer Mensch werden zu wollen. Ein besserer Freund, ein besserer Nachbar, ein besserer Sportler (das mit dem Sportler ist nicht ganz ernst gemeint ... aber ich kann Francis mit den meisten Dingen, die mit Wettkampf zu tun haben, schwer beeindrucken). Aber am wichtigsten ist: Francis weckt in dir den Wunsch nach mehr von Jesus. Jeder, der mehr als eine halbe Stunde in seiner Nähe ist, merkt schnell, dass er ein Mann mit einer großen Vision ist und entschlossen, den Auftrag Jesu zu erfüllen. Manche halten ihn vielleicht für ein bisschen idealistisch, weil er tatsächlich denkt, dass ein Einzelner den Lauf der Welt beeinflussen kann. Aber ich würde sagen, dass Francis der ultimative Realist ist. Damit meine ich: Francis glaubt, dass Gott wirklich das ist, was er. Und dass man tatsächlich dann in der Realität lebt, wenn man ihm von ganzem Herzen nachfolgt.

Dieses Buch in deiner Hand könnte dich von allen Büchern, die du dieses Jahr lesen wirst, am meisten herausfordern – von Gottes Wort abgesehen. Und das auch noch in den kommenden Jahren. Der momentane Zustand und die Maßstäbe des sogenannten „christlichen" Lebens, an das so viele unter uns sich gewöhnt haben, werden gewaltig durchgerüttelt werden! Ist es nicht interessant, dass es in Apostelgeschichte 11 am Ende von Vers 26 heißt: „... und in Antiochia wurden die Jünger zuerst

Christen genannt"? Ich finde den schlichten Gedanken beachtenswert, dass die Christen sich nicht selbst so genannt haben. Sondern sie wurden vielmehr von denen als „Christen" bezeichnet, die sahen, wie sie lebten. Ich frage mich, ob das heute auch noch der Fall wäre. Könnte sich jemand dein oder mein Leben anschauen und uns dann einen Christen nennen? Das ist mit Sicherheit eine sehr ernüchternde Frage.

Das Wort „Liebe" im Titel bringt es auf den Punkt. Als Jesus gefragt wurde, was das größte Gebot sei, antwortete er: die Liebe.

„‚Du sollst den Herrn, deinen Gott, lieben mit deinem ganzen Herzen und mit deiner ganzen Seele und mit deinem ganzen Denken.' Das ist das erste und größte Gebot. Und das zweite ist ihm vergleichbar: ‚Du sollst deinen Nächsten lieben wie dich selbst'." (Matthäus 22,37-39)

Francis führt uns meisterhaft vor Augen, dass das Leben, zu dem Jesus uns ruft, in den Augen der Welt absolut verrückt ist. Sicher, es ist völlig in Ordnung und politisch korrekt, an Gott zu *glauben,* aber ihn wirklich zu *lieben* ist eine ganz andere Sache. Und ja, es ist schön und großzügig, um die Weihnachtszeit oder nach einer Katastrophe für die Bedürftigen zu spenden. Den eigenen Komfort und sein Wohlbefinden jedoch für andere zu opfern, grenzt für eine sichere und von Unruhen nicht betroffene Welt möglicherweise an Wahnsinn.

Was ich auf den Seiten gelesen habe, die du jetzt vor dir hast, hat mich bis zum Äußersten herausgefordert. Ich freue mich sehr, dass du dich auf dieses so notwendige Buch einlässt, und ermutige dich dazu, dich mit den Gedanken und Überzeugungen in *Eine vollkommen verrückte Liebe* auseinanderzusetzen. Ich bin sicher, dass dein Herz und dein Geist dazu bewegt werden, wieder zu deiner „ersten Liebe" zurückzukehren.

Chris Tomlin,

Liederkomponist und Lobpreisleiter von *Passion Conferences*

Entdecke mehr online:
Francis stellt jedes Kapitel (als Kurzvideo) vor unter www.luqs.de/volltreffer
Einleitung
Kapitel 1
Kapitel 2
www.luqs.de/volltreffer

EINLEITUNG

Nur die Bibel zu lesen, eine Gemeinde besuchen und nicht schwer zu sündigen … ist das wirklich schon leidenschaftliche, ungeteilte Liebe zu Gott?

François Fénelon, *The Seeking Heart*

Wir alle wissen doch, dass etwas falsch läuft. Zuerst dachte ich, das wäre nur mein Eindruck. Dann aber stand ich vor zwanzigtausend Studenten einer christlichen Hochschule und fragte sie: „Wie viele von euch haben das Neue Testament gelesen und sich gefragt, ob wir in unseren Gemeinden nicht daran vorbei leben?“ Als fast jede Hand nach oben ging, fühlte ich mich ein bisschen besser. Wenigstens war ich kein Spinner.

In diesem Buch werde ich ein paar ernste Fragen stellen. Sie spiegeln wider, was viele von uns längst fühlen, wovor man sich jedoch meist scheut, es auch auszudrücken und dem nachzugehen. Keine Sorge, dies ist kein weiteres Buch, um etwa Gemeinden schlecht zu machen. Ich denke nämlich, man macht es sich zu einfach, wenn man der Gemeinde an sich einen Vorwurf erteilt, ohne sich einzugestehen, dass wir ja alle Teil der Gemeinde und somit zumindest mitverantwortlich sind. Doch ich denke, wir alle spüren, dass es unseren christlichen Gemeinden in vielerlei Hinsicht gar nicht gut geht.

Allein dieser eine Gedanke, wie sehr wir an dem, wer wir eigentlich sein sollten, vorbeigehen, lässt mir keine Ruhe mehr. Und es stimmt mich traurig, wie sehr wir an den Menschen versagen, die Gott so sehr liebt, dass er für sie starb.

Ich dachte nicht immer so. Ich wuchs mit dem Glauben an Gott auf und hatte doch nicht die geringste Ahnung, wer er überhaupt ist. Ich bezeichnete mich als Christ, engagierte mich in der Gemeinde und versuchte, all den Dingen fernzubleiben, die „gute Christen" vermeiden – Alkohol, Drogen, Fluchen und unehelichen Sex. Christ zu sein war relativ einfach: Du bekämpfst deine Begierden, um Gott zu gefallen. Immer wenn ich versagte (was recht oft geschah), lief ich herum und fühlte mich schuldig und weit weg von Gott. Im Nachhinein denke ich nicht, dass die Lehre in meiner Gemeinde falsch war. Sie war einfach unvollständig. Meine Sicht von Gott war zu eng und klein.

Heute* bin ich Ehemann, Vater von vier Kindern und Pastor einer Gemeinde in Südkalifornien. Bis noch vor wenigen Jahren war ich eigentlich glücklich damit, wie Gott in meiner Gemeinde und in mir wirkte. Doch dann begann Gott, mein Herz zu verändern. Das geschah meist in den Zeiten, die ich in seinem Wort verbrachte. Die Überführung durch die Lehren der Schrift, zusammen mit einigen Erfahrungen in Ländern der Dritten Welt, veränderte alles. Es gingen einige Leitbilder in meinem Leben ernsthaft zu Bruch – und infolgedessen auch in unserer Gemeinde.

Das Ergebnis ist, dass ich mich nie lebendiger fühlte, und genauso erging es auch der Cornerstone-Gemeinde. Es ist herrlich, Teil einer

---

* *Eine vollkommen verrückte Liebe* wurde 2008 geschrieben. Heute – 2015 – haben Francis und Lisa Chan sieben Kinder und arbeiten evangelistisch in der Innenstadt von San Francisco; Anm. des Verlags, Quelle: The Christian Post.

Gruppe von Gläubigen zu sein, die bereit ist, biblisch zu denken anstatt traditionell – Teil einer Gemeinde, in der ein radikales Leben Maßstab wird.

Dieses Buch ist für alle geschrieben, die mehr von Jesus wollen. Es ist für alle, die gelangweilt sind mit dem, was uns das durchschnittliche Christentum anbietet. Es ist für alle, die nicht hoch hinaus wollen, sondern bereit sind zu sterben, bevor es ihre Überzeugungen tun.

Ich hoffe, dass dich dieses Buch beim Lesen in zumindest einem Punkt überzeugt: Dass Gott dir in diesem und im nächsten Leben *die größte Freude* bereiten wird, wenn du voll und ganz seinem Willen und seinen Absichten folgst. Ich hoffe, es bestärkt dein Verlangen nach „mehr von Gott" – selbst wenn du von Menschen umgeben bist, die denken, sie hätten „genug von Gott". Ich hoffe, dieses Buch bewirkt eine Zuversicht in dir, wenn du die Hingegebenheit der Gemeinden in deinem Land bezweifelst und infrage gestellt hast. Ich möchte dich ermutigen, deinen Fragen nachzugehen, und dir gleichzeitig versichern, dass es Hoffnung gibt.

Gott berief mich nach Simi Valley in Kalifornien, um eine Gemeinde aus genau solchen bequemen Gläubigen in ein Leben voller Risiken und Abenteuer zu führen. Ich bin davon überzeugt, Gott wünscht sich, dass wir andere so sehr lieben, dass wir bis zum Äußersten gehen, um ihnen zu helfen. Er möchte, dass wir dafür bekannt sind zu *geben* – von unserer Zeit, unserem Geld und unseren Fähigkeiten. Und dass wir eine Bewegung starten, in der andere Gemeinden bereit werden zu geben. Indem wir das tun, können wir das Leiden in der Welt lindern und das Ansehen Jesu verbessern. Manche Menschen, sogar aus meiner eigenen Gemeinde, sagten mir geradeheraus: „Du spinnst." Aber ich kann mir nicht vorstellen, mein Leben an eine andere Vision als diese hinzugeben.

Wir müssen aufhören, den Menschen Ausreden zu liefern, nicht an Gott zu glauben. Wahrscheinlich hast du diesen Spruch schon einmal gehört: „Ich glaube an Gott, aber nicht an organisierte Religion (oder nicht an die Kirche usw.)." Ich glaube nicht, dass Menschen so etwas sagen würden, wenn die Gemeinde Jesu wirklich das lebt, wozu sie berufen ist. Denn dann bliebe den Zweiflern höchstens noch zu sagen: „Was ihr als Gemeinde tut, lässt sich überhaupt nicht leugnen, aber ich glaube nicht an euren Gott." Damit würden sie zumindest zugeben, dass sie Gott ablehnen, anstatt Gemeinde und Kirche länger als Ausrede bzw. Sündenbock zu benutzen.

Wir werden uns später noch ansehen, was die Bibel darüber sagt, wie wir unser Leben führen sollen. Es ist wichtig, dass wir unseren geistlichen Zustand nicht nach dem der Menschen um uns herum beurteilen, denn meist sind sie uns ziemlich ähnlich. Zu Beginn dieser Reise werden wir zuerst über unser falsches Bild von Gott – und folglich auch von uns selbst – sprechen.

Aber bevor wir uns ansehen, was falsch läuft, und darüber sprechen, müssen wir eines verstehen: Das Hauptproblem liegt nicht in der Tatsache, dass wir lauwarme, halbherzige und träge Christen sind. Der springende Punkt ist, *warum* wir so sind. Ich meine, wir sind so, weil wir eine *falsche Vorstellung von Gott* haben. Wir sehen ihn als wohltätiges Wesen, das zufrieden ist, wenn Menschen es schaffen, ihm einen kleinen Platz in ihrem Leben einzuräumen. Wir vergessen dabei, dass Gott niemals eine

Identitätskrise hatte. Er weiß, dass er großartig ist und es verdient, der Mittelpunkt unseres Lebens zu sein. Jesus kam demütig als ein Diener, aber er bettelt nicht darum, dass wir ihm einen kleinen Teil unseres Lebens geben. Er verlangt *alles* von seinen Nachfolgern.

Die ersten drei Kapitel sind absolut grundlegend für das ganze Buch. Obgleich es vielleicht zum Teil nichts „Neues" für dich bereithält, erlaube diesen heiligen Wahrheiten, dich in eine Haltung der Anbetung zu führen. Ich bete dafür, dass du beim Lesen der nächsten Seiten immer wieder innehalten musst, weil du spontan in eine tiefe und bedeutungsvolle Anbetung Gottes geführt wirst. Lass zu, dass diese Worte deinem Herzen die altbekannten Wahrheiten ganz neu aufschließen.

Die ersten drei Kapitel legen das Fundament. Die folgenden sieben Kapitel aber rufen uns dazu auf, uns selbst zu überprüfen. Wir werden über das Leben sprechen, und zwar im Hinblick auf diesen einen entscheidenden Punkt, wer *Gott wirklich ist.* Wir wollen herausfinden, was in unseren Gemeinden, und letztendlich in uns, derzeit noch nicht stimmt.

Komm mit mir auf diese Reise! Ich kann dir nicht versprechen, dass es ohne Schmerzen abgeht. Wir wissen, dass Veränderung immer auch unbequem ist. Es liegt an dir, auf das zu reagieren, was du im Folgenden liest. Aber du hast die Wahl: dein tägliches Leben neu auszurichten oder so zu bleiben, wie du bist.

KAPITEL 1

Bevor du betest …

Was wäre, wenn ich zu dir sagte: Hör auf zu beten!? Was, wenn ich dir sagte, du sollst für eine bestimmte Zeit nicht mehr auf Gott einreden? Was wäre, wenn du ihn, bevor du auch nur ein weiteres Wort sprichst, stattdessen lange und intensiv anschaust? König Salomo warnte uns davor, in Gottes Gegenwart viel und unbedacht zu reden (siehe Prediger 5,1). Es ist unklug, das zu tun. Und oft tun wir aber genau das.

Wir haben eine Kultur, die mehr auf Technologie vertraut als auf Gemeinschaft. Eine Gesellschaft, in der gesprochene oder geschriebene Worte nicht viel wert sind, sie gehen leicht von Lippen und Hand und es sind viel zu viele. In unserer Kultur heißt es: Alles ist erlaubt. Aber von der Furcht des Herrn hört man kaum etwas. Wir sind langsam zum Hören, schnell zum Reden und schnell zum Zorn.

Der kluge Mensch kommt zu Gott, ohne ein Wort zu reden, und bleibt in Ehrfurcht vor ihm. Vielleicht sieht es wie ein hoffnungsloses Unterfangen aus, den unsichtbaren Gott zu bestaunen. Aber in Römer 1, Vers 20 wird uns beispielsweise gesagt, dass wir sein „unsichtbares Wesen" und seine „Göttlichkeit" in der *Schöpfung* erkennen können.

Beginnen wir dieses Buch, indem wir Gott schweigend bestaunen. Ich möchte, dass du jetzt online gehst und dir das Video „Der Ehrfurchts-Faktor" auf www.luqs.de/volltreffer ansiehst. Du bekommst dort einen kleinen Vorgeschmack, warum wir Ehrfurcht vor Gott haben sollten. Mir ist das wichtig – bitte schau dir das jetzt online an.

Was geht in dir nach diesen Videosequenzen vor: Sprachlos? Erstaunt? Fühlst du dich klein und unbedeutend? – Als ich diese Bilder zum ersten Mal sah, konnte ich nicht anders – ich musste Gott anbeten. Ich wollte mit niemandem darüber reden. Ich wollte einfach nur still dasitzen und den Schöpfer bewundern.

Es ist ein abenteuerlicher Gedanke sich vorzustellen, dass die meisten dieser Galaxien erst in den letzten Jahren entdeckt worden sind – seit es das Hubble-Teleskop gibt. Sie sind seit Tausenden von Jahren dort im Universum gewesen, ohne dass der Mensch gewusst hat, dass sie sich dort befinden.

Warum sollte Gott mehr als 350.000.000.000 Galaxien erschaffen (und das ist nur eine vorsichtige Schätzung), die Generationen von Menschen nie sahen und von deren Existenz sie nicht einmal wussten und die auch nie jemand wirklich näher sehen wird? Denkst du, er tat das nur, damit wir sagen: „Toll, Gott ist unermesslich groß"? Oder wollte Gott vielleicht, dass wir diese Bilder sehen und uns dann fragen: „Wer bin *ich* eigentlich vor Gott?"

R. C. Sproul schreibt: „Ein Mensch wird sich niemals in angemessener Weise berühren lassen, geschweige denn von der Erkenntnis der eigenen

Unbedeutsamkeit beeindruckt geben, es sei denn, er fängt an, sich mit der Majestät Gottes zu vergleichen."[1]

Wechseln wir für einen Moment die Sicht und denken wir über die ausgeprägte Vielschichtigkeit der anderen Bereiche der Schöpfung nach. Wusstest du, dass eine Raupe 228 einzelne unterschiedliche Muskeln in ihrem Kopf hat? Das ist eine ganze Menge für ein Insekt. Eine durchschnittliche Ulme trägt ungefähr 6.000.000 Blätter. Und wenn dein eigenes Herz Blut durch deinen Körper pumpt, erzeugt es genug Druck, um das Blut etwa zehn Meter hoch schießen zu lassen. (Ich habe es nie ausprobiert und empfehle das natürlich nicht.)

Hast du je darüber nachgedacht, wie vielseitig und kreativ Gott ist? Er hätte es nicht nötig gehabt, Hunderte verschiedener Bananensorten zu erschaffen, aber er tat es. Er musste nicht 3.000 verschiedene Baumarten innerhalb etwa 1,6 Quadratkilometern pflanzen, aber er tat es. Gott musste auch nicht so viele Arten von Lachen erschaffen. Denk mal nur an die verschiedenen Geräusche, wenn deine Freunde lachen – sie keuchen und prusten – von leise bis laut bis unerträglich.

Was ist mit der Fähigkeit der Pflanzen, die Schwerkraft zu überwinden und das Wasser aus dem Boden heraus in ihre Stängel und Adern zu ziehen? Oder wusstest du, dass Spinnen drei Arten von Seide produzieren? Wenn sie ihre Netze bauen, spinnen sie etwa 20 Meter Seide in einer Stunde. Gleichzeitig produzieren sie an ihren Füßen ein besonderes Öl, das verhindert, dass sie an ihrem eigenen Netz kleben bleiben. (Die meisten von uns hassen Spinnen, aber 20 Meter pro Stunde verdient Respekt!) Oder Korallen – sie sind so sensibel, dass sie absterben können, wenn die Wassertemperatur auch nur ein oder zwei Grad abweicht.

Wusstest du, dass dir bei einer Gänsehaut die aufgerichteten Härchen und die winzigen zusammengezogenen Haarbalgmuskeln tatsächlich helfen, die Körperwärme zu halten? Oder wie wäre es mit der einfachen Tatsache, dass Pflanzen Kohlendioxid aufnehmen (das für uns schädlich ist) und Sauerstoff produzieren (den wir brauchen, um zu überleben)? Sicher wusstest du das, aber hast du jemals darüber gestaunt? Und genau diese Gift tilgenden, Leben spendenden Pflanzen entstehen aus winzigen Samen, die in den Boden gepflanzt werden. Manche werden gewässert, manche nicht, aber schon nach wenigen Tagen bohren sie sich durch die Erde ins warme Sonnenlicht.

Was auch immer Gottes Gründe für solch eine Vielfalt, Kreativität und Perfektion im Universum, auf der Erde und in unserem Körper waren, es dreht sich alles um – seine Herrlichkeit. Gottes Kunstwerke zeugen von ihm und reflektieren, wer er ist und wie er ist: „Die Himmel erzählen die Herrlichkeit Gottes und die Ausdehnung verkündigt das Werk seiner Hände. Es fließt die Rede Tag für Tag, Nacht für Nacht tut sich die Botschaft kund. Es ist keine Rede und es sind keine Worte, deren Stimme unhörbar wäre. Ihre Reichweite erstreckt sich über die ganze Erde und ihre Worte bis ans Ende des Erdkreises“ (Psalm 19,1-5).

Deshalb sind wir aufgerufen, ihn anzubeten. Seine Künste, das Werk seiner Hände und die ganze Schöpfung – alles spiegelt die Wahrheit wider, dass er herrlich ist. Niemand ist ihm gleich. Er ist der König der Könige, der Anfang und das Ende, der Eine, der war, der ist und der kommen wird. Ich weiß, das hast du schon einmal gehört, aber ich möchte nicht, dass du darüber hinwegsiehst.

Zuweilen macht es mir Mühe, in einer Welt, die dazu neigt, Gott zu ignorieren oder lediglich zu dulden, angemessen auf diese Großartigkeit Gottes zu reagieren. Aber wisse: Gott will nicht „geduldet“ werden. Er fordert uns auf, ihn anzubeten und Achtung vor ihm zu haben.
Geh einmal zurück und lies das zuvor Gesagte noch einmal. Geh auf die Website www.luqs.de/volltreffer und sieh dir das fünfzehnminütige Video „Halt’ an und denke nach“ an. Wenn es hilft, klapp’ mein Buch einfach noch einmal zu und meditiere dafür über den Allmächtigen, den Herrlichen, der in einem unzugänglichen Licht wohnt.

Wie eine Epidemie greift ein geistlicher Gedächtnisverlust um sich, und keiner von uns ist immun dagegen. Ganz gleich, was für faszinierende Details wir über Gottes Schöpfung erfahren, egal wie viele Bilder seiner Galaxien wir sehen, und gleichgültig, wie viele Sonnenuntergänge wir beobachten – wir beachten ihn einfach nicht. Die meisten von uns wissen, wir sollen Gott lieben und fürchten, wir sollen unsere Bibel lesen, damit wir ihn besser kennenlernen, und dass wir ihn mit unserem Leben anbeten sollen. Aber das alles tatsächlich auch zu leben, ist sehr herausfordernd.

Es verwirrt uns zu sehen, wie schwer es uns doch fällt, Gott zu lieben. Sollte es nicht ganz leicht sein, einen Gott zu lieben, der so wundervoll ist? Wenn wir Gott lieben, weil wir denken, wir *sollten* ihn lieben, anstatt ihn aus unserem wahren Inneren heraus aufrichtig zu lieben, dann haben wir schon vergessen, wer Gott wirklich ist. Unser Gedächtnisschwund macht sich wieder bemerkbar.

Vielleicht klingt es „unchristlich", wenn ich sage, dass ich mich morgens manchmal auch nicht danach fühle, Gott zu lieben, oder es einfach vergesse. Aber es ist so. In unserer Welt, in der uns Hunderte Dinge von Gott ablenken, müssen wir uns ganz bewusst regelmäßig an ihn erinnern.

Kürzlich war ich auf einem Klassentreffen unserer Highschool. Die Leute kamen zu mir und sagten: „Das ist *deine* Frau?" Ich schätze, sie waren erstaunt darüber, dass eine so schöne Frau jemanden wie mich geheiratet hat. Das geschah so oft, dass ich mir ein Bild von uns beiden einmal näher ansah. Und da war ich selbst verblüfft: Es *ist tatsächlich* erstaunlich, dass meine Frau sich entschied, mit mir zusammen zu sein – nicht nur, weil sie so schön ist. Ich wurde an die ganze Fülle erinnert, die mir mit meiner Frau gegeben wurde.

Genau solche Gedächtnisstützen brauchen wir, wenn es um die Güte Gottes geht. Wir sind so programmiert, dass wir uns auf das konzentrieren, was wir nicht haben. Im Laufe des Tages werden wir ständig damit bombardiert, was wir kaufen müssen, damit wir uns glücklicher, mehr sexy oder zufriedener fühlen. Diese Unzufriedenheit überträgt sich auf unsere Gedanken über Gott. Wir vergessen, dass wir in ihm bereits alles besitzen, was wir brauchen. Und weil wir nicht so oft darüber nachdenken, wer Gott in Wirklichkeit ist, vergessen wir sehr schnell, dass er würdig ist, angebetet und geliebt zu werden. *Ehrfurcht vor ihm zu haben, ist unsere Aufgabe.*

A. W. Tozer schreibt: Was uns in den Sinn kommt, wenn wir über Gott nachdenken, das sagt auch am meisten über uns aus. „Die Gottesverehrung steht auf hohem oder auf niedrigem Niveau, je nachdem ob der Gläubige hohe oder niedrige Vorstellungen von Gott hat. Deshalb ist die Gottesvorstellung selbst immer die entscheidendste Frage für eine Gemeinde, und ebenso ist bei einem Menschen nicht das, was er in einem bestimmten Moment sagt oder tut, das Bedeutsamste, sondern seine Auffassung von Gott."[2]

Wenn die „entscheidendste Frage" dagegen für uns wirklich die wäre herauszufinden, wie Gott wirklich ist, wie lernen wir ihn dann also kennen? Wir wissen nun bereits, dass er der Schöpfer eines extrem großartigen Universums ist, genauso wie er Schöpfer der vielschichtigen Beschaffenheit einer winzigen, vergänglichen Raupe ist. Aber wie ist er selber? Was sind seine Eigenschaften? Was sind seine besonderen Merkmale? Wie sollen wir ihn fürchten? Wie mit ihm sprechen? Schalte jetzt nicht ab! Wir müssen an diese Dinge erinnert und herangeführt werden. Sie sind grundlegend und entscheidend. Es sind:

Gott ist heilig. Viele Menschen sagen: Was immer du über Gott denkst, wird schon stimmen, solange du es nur aufrichtig glaubst. Das ist doch, als ob du bei einer Gelegenheit deinen Freund als einen 150 Kilo schweren Sumo-Ringer beschreibst und bei einer anderen als 1,50 Meter großen, 45 Kilo leichten Turner. Ganz gleich, wie ernst es dir mit deinen Beschreibungen ist, es können nicht beide auf deinen Freund zutreffen.

Gott hat aber bereits einen Namen und eine Identität, und das macht das Ganze so unsinnig. Es ist nicht an uns, zu beschließen, wer Gott ist. „Gott sprach zu Mose: Ich bin, der ich bin" (2. Mose 3,14). Wir ändern daran nichts. Wenn wir sagen, dass Gott heilig ist, bedeutet das, er ist abgesondert, anders als wir. Und wegen seiner Abgesondertheit können wir niemals alles über ihn ergründen. Bei den Juden ist es so: Wenn man etwas drei Mal sagt, dann beweist das die Vollkommenheit der Sache. Wenn man also Gott „heilig, heilig, heilig" nennt, sagt man damit, dass er vollkommen abgesondert ist, und mit nichts und niemandem zu vergleichen. *Das* bedeutet, „heilig" zu *sein*.

Viele geisterfüllte Autoren erschöpften ihren ganzen Wortschatz, um Gott mit der Herrlichkeit zu beschreiben, die ihm zusteht. Seine vollkommene Heiligkeit können wir allein mit unseren Worten gar nicht fassen. Ist es nicht ermutigend, einen Gott anzubeten, bei dem wir nichts übertreiben können?

Gott ist ewig. Die meisten von uns stimmen vermutlich mit dieser Aussage überein. Aber hast du schon einmal ernsthaft darüber nachgedacht, was das bedeutet? Jeder von uns hat einen Anfang. Alles, was existiert, begann an einem bestimmten Tag, zu einer bestimmten Zeit. Alles, außer Gott. Er war schon immer da, bevor es eine Erde, ein Universum oder sogar die Engel gab. Gott existiert außerhalb der Zeit, und da wir innerhalb der Zeit leben, ist es für uns gar nicht möglich, in seiner Dimension zu denken.

Es ist frustrierend, Gott nicht näher begreifen zu können. Und es ist lächerlich zu denken, wir dürften Gott auf etwas beschränken, das wir verstehen können. Was wäre *das* wohl für ein verkümmerter, unbedeutender Gott? Wenn mein Verstand die Größe einer Getränkedose und Gott die Größe aller Ozeane hätte, wäre es doch dumm von mir zu sagen, er sei nur so groß wie die Menge des Wassers, die ich in meine kleine Getränkedose füllen kann. Gott ist so viel größer, so weit über unserem zeitlich beschränkten, von Luft, Nahrung und Schlaf abhängigen Leben.

Halte bitte hier kurz inne, wenn auch nur für einen Augenblick, und verherrliche den ewigen Gott: „Aber du, o Herr, thronst auf ewig, und dein Gedenken bleibt von Geschlecht zu Geschlecht … Du aber bleibst, der du bist, und deine Jahre nehmen kein Ende" (Psalm 102,13+28).

Gott ist allwissend. Ist das nicht ernüchternd? Jeder von uns macht doch – in einem gewissen Maß – seinen Freunden und seiner Familie etwas vor, wer er wirklich ist. Aber Gott gegenüber ist das unmöglich. Er kennt jeden Einzelnen von uns sehr genau. Er kennt unsere Gedanken, ehe wir sie denken, unsere Handlungen, ehe wir sie ausführen, er weiß, ob wir liegen, sitzen oder herumlaufen. Er weiß, wer wir sind und was wir vorhaben. Wir können ihm nicht entrinnen, selbst wenn wir das noch so sehr wollen. Und wenn ich in meinem Bemühen, ihm treu zu sein, müde werde und mir eine Pause wünsche, dann überrascht das Gott auch nicht.

Diese Allwissenheit Gottes führte David in die Anbetung. Er betrachtete das als wunderbar und bedeutungsvoll. In Psalm 139 schrieb er, dass er sich sogar in der Finsternis nicht vor Gott verstecken konnte, und selbst als er noch im Mutterleib war, Gott schon bei ihm war.

In Hebräer 4, Vers 13 heißt es: „Und kein Geschöpf ist vor ihm verborgen, sondern alles ist enthüllt und aufgedeckt vor den Augen dessen, dem wir Rechenschaft zu geben haben." Es ist sehr ernüchternd zu erkennen, dass es derselbe Gott ist, der heilig und ewig ist, der Schöpfer von Milliarden Galaxien und Tausenden Baumarten im Regenwald. Das ist der Gott, der sich die Zeit nimmt, jedes kleine Detail über jeden von uns zu erfahren. Eigentlich müsste jemand wie er gar nicht über unsere Details nachdenken, aber es liegt ihm daran.

Gott ist allmächtig. Kolosser 1, Vers 16 teilt uns mit, dass alle Dinge für Gott erschaffen wurden: „Denn in ihm ist alles erschaffen worden, was im Himmel und was auf Erden ist, das Sichtbare und das Unsichtbare, seien es Throne oder Herrschaften oder Fürstentümer oder Gewalten: alles ist durch ihn und für ihn geschaffen." Und in Wirklichkeit – leben wir nicht stattdessen sehr oft so, als ob Gott für *uns* erschaffen worden wäre, um nach „*unserer* Pfeife zu tanzen", *uns* zu segnen und sich um *unsere* Lieben zu kümmern?

Psalm 115, Vers 3 zeigt uns: „Aber unser Gott ist im Himmel; er tut alles, was ihm wohlgefällt." Dennoch fragen wir immer weiter: „Warum hast du mich mit diesem Körper gemacht und nicht mit einem anderen?", „Warum verhungern so viele Menschen?", „Warum gibt es auf so vielen Planeten kein Leben?", „Warum ist meine Familie so kaputt?" oder „Warum machst du dich für Menschen, die dich brauchen, nicht besser sichtbar?"

Die Antwort auf all diese Fragen ist einfach: Weil er Gott ist. Er hat vielmehr das Recht, uns zu fragen, warum so viele Menschen verhungern. So sehr wir auch wollen, dass Gott sich uns erklärt – uns, seiner Schöpfung –, sind wir nicht in der Position, von ihm zu fordern, uns gegenüber Rechenschaft abzulegen.

„Gegen welche alle, die auf Erden wohnen, *wie nichts zu rechnen* sind; er verfährt mit dem Heer des Himmels und mit denen, die auf Erden wohnen, wie er will, und es gibt niemand, der seiner Hand wehren oder zu ihm sagen dürfte: Was machst du?" (Daniel 4,32). Bist du in der Lage, einen Gott anzubeten, der nicht verpflichtet ist, dir seine Handlungen zu erklären? Könnte es deine Überheblichkeit sein, die dich denken lässt, dass Gott dir eine Erklärung schuldet? Glaubst du wirklich, dass verglichen mit Gott „alle, die auf Erden wohnen, wie nichts zu rechnen sind", einschließlich dir selbst?

Gott ist fair und gerecht. Eine gängige Definition von Gerechtigkeit lautet: „verdiente Belohnung und/oder Strafe". Wenn es an uns liegen würde zu bestimmen, was wir wirklich für unser Tun verdienen, wären die Antworten so verschieden wie die Menschen es sind, die darauf antworten. Aber es steht uns nicht zu, hauptsächlich weil keiner von uns gut genug dafür ist. Gott ist der Einzige, der wirklich gut ist, und die Maßstäbe werden von ihm gesetzt.

Weil Gott die Sünde hasst, muss er jene bestrafen, die sich der Sünde schuldig gemacht haben. Vielleicht scheint dir das im Moment kein sehr attraktiver Maßstab. Um es ganz direkt zu sagen: Wenn du mal dein eigenes Universum hast, kannst du auch deine eigenen Maßstäbe setzen. Wenn wir damit nicht einverstanden sind, dann lasst uns nicht davon ausgehen, dass sein Urteilsvermögen Korrektur benötigt oder wir ihn zur Rechenschaft ziehen müssten.

Wir, die Menschen, lassen es uns nicht gern sagen beziehungsweise wollen es auch nicht unbedingt verstehen, wie sehr Gott Sünde hasst. Wir entschuldigen uns dann etwa so: „Ja, auch ich bin halt immer wieder mal hochmütig, aber hat damit nicht jeder zu tun?" In Sprüche 8, Vers 13 wird uns der Spiegel vorgehalten: „Hochmut und Stolz … hasse ich", sagt Gott. Weder du noch ich haben das Recht, Gott zu sagen, wie sehr er Sünde hassen darf. Er kann Sünde so sehr verabscheuen und so streng bestrafen, wie es seine Gerechtigkeit erfordert.

Gott lässt Sünde niemals durchgehen! Er ist in diesem Punkt unbeirrbar. Immer wenn wir anfangen, infrage zu stellen, ob Gott Sünde wirklich hasst, brauchen wir nur ans Kreuz zu denken, wo sein Sohn um der Sünde willen gefoltert, verspottet und geschlagen wurde – nämlich um *unserer* Sünde willen. Es gibt keinen Zweifel: Gott hasst Sünde und muss sie bestrafen. Und auch dabei ist er vollkommen fair und gerecht.

Vor dem Thron

Bisher sprachen wir über Dinge, die wir mit eigenen Augen sehen können, über Dinge, die wir über die Schöpfung wissen können, und über einige Eigenschaften Gottes, die er uns in der Bibel offenbart hat. Doch Gott hat noch viele Seiten, die bei Weitem unser Verständnis übersteigen. Er ist nicht auf diese Welt begrenzt. Er kann mit keinem unserer Worte erklärt werden, noch können wir ihn mit unserem Verstand erfassen. Dennoch erhalten wir in Offenbarung, Kapitel 4 und in Jesaja, Kapitel 6 zwei verschiedene Einblicke in den himmlischen Thronsaal. Ich werde versuchen, dir mit Worten ein Bild zu malen.

Als Johannes im Buch der Offenbarung von seiner Erfahrung erzählt, wie er Gott gesehen hat, scheint er nach passenden irdischen Worten zu suchen, um die Vision zu beschreiben, die er sehen durfte. Er beschreibt den Einen, der auf dem Thron mit den zwei Edelsteinen sitzt, „Jaspis und Karneol", und um den Thron herum ist ein Regenbogen, der aussieht wie ein Smaragd. Gott, der auf dem Thron sitzt, gleicht eher funkelnden Juwelen als Fleisch und Blut.
Diese Art poetischer, künstlerischer Darstellung ist nicht jedem auf Anhieb zugänglich. Also stell dir einmal den faszinierendsten Sonnenuntergang vor, den du je gesehen hast. Erinnerst du dich an die leuchtenden Farben, die sich über den ganzen Himmel zogen? Und wie du dir Zeit genommen und das Ganze voller Staunen betrachtet hast? Und wie die Worte *toll* und *schön* so unzulänglich erschienen? Das ist ein kleiner Teil dessen, was Johannes im Buch der Offenbarung in Kapitel 4 beschreibt, als er versucht, die Vision vom himmlischen Thron in Worte zu fassen.

Johannes beschreibt „Blitze" und „Stimmen von Donner", die vom Thron Gottes kommen, einem Thron, der sich wohl von jedem anderen Thron unterscheidet. Er schreibt, dass vor dem Thron sieben Feuerfackeln brennen und dass es dort ein gläsernes Meer gibt, das aussieht wie Kristall.

Mit ganz normalen Worten gibt Johannes sein Bestes, einen himmlischen Ort und einen heiligen Gott zu beschreiben.

Aber das Faszinierendste für mich ist, wie Johannes die Wesen beschreibt, die um den Thron herum sind. Zuerst sind da die vierundzwanzig Ältesten, die in Weiß gekleidet sind und goldene Kronen tragen. Dann beschreibt Johannes vier Wesen mit jeweils sechs Flügeln, die an ihrem ganzen Körper und an den Flügeln Augen haben. Eines hat das Gesicht eines Löwen, eines das eines Ochsen, eines das eines Menschen und eines das eines Adlers.

Ich versuche mir vorzustellen, wie es wäre, wenn ich eins dieser Wesen in den Wäldern bei uns oder unten am Strand hier sehen würde: Wahrscheinlich würde ich ohnmächtig werden! Es wäre Furcht einflößend, ein Wesen mit dem Gesicht eines Adlers zu sehen, und mit Augen „ringsherum und inwendig".

Und als ob die Beschreibung von Johannes nicht schon wild und fremdartig genug wäre, erzählt er uns auch noch, was diese Wesen sagen. Die vierundzwanzig Ältesten werfen ihre Siegeskronen vor dem Einen hin, der auf dem Thron sitzt, und fallen vor ihm nieder und sagen: „Würdig bist du, o Herr, zu empfangen den Ruhm und die Ehre und die Macht; denn du hast alle Dinge geschaffen, und durch deinen Willen sind sie und wurden sie geschaffen!" (Offenbarung 4, Vers 11). Gleichzeitig hören die vier Wesen Tag und Nacht nicht auf zu sagen (Vers 8): „Heilig, heilig, heilig ist der Herr, Gott der Allmächtige, der war und der ist und der kommt!" Stell dir einmal vor, in diesem Thronsaal zu sein – umgeben von den Ältesten, die Gottes Vollkommenheit besingen, und den Wesen, die Gottes Heiligkeit verkünden.

Auch der Prophet Jesaja hatte eine Vision von Gott in seinem Thronsaal, aber diesmal ist es ein direkteres Bild: „… sah ich den Herrn sitzen auf einem hohen und erhabenen Thron" (Jesaja 6,1). *Unfassbar.* Jesaja sah das und blieb am Leben? Die Israeliten versteckten sich, wann immer Gott an ihrem Lager vorbeiging, so sehr fürchteten sie sich, ihn anzusehen. Selbst seine Rückseite nicht, als er sich entfernte. Sie hatten Angst, sie würden sterben, wenn sie Gott ansahen.

Jesaja aber sah hin und erblickte Gott. Er schreibt, dass der Saum seines Gewandes den ganzen Tempel erfüllte und dass die Serafim, Engel, über ihm erschienen. Die Serafim hatten jeweils sechs Flügel, ähnlich wie die Wesen, die Johannes in der Offenbarung beschreibt. Jesaja sagt, dass sie einander zuriefen: „Heilig, heilig, heilig ist der Herr der Heerscharen; die ganze Erde ist erfüllt von seiner Herrlichkeit!" (Vers 3). Dann erbebten die Grundfesten und Rauch erfüllte das Haus, was der Beschreibung der Blitze und des Donners bei Johannes ähnelt.

Jesajas Beschreibung ist nicht so ausführlich wie die von Johannes, aber Jesaja erzählt uns mehr von seiner Reaktion darauf, im Thronsaal Gottes zu sein. In dem von Rauch erfüllten Raum und dem erbebenden Fundament hallen seine Worte wider: „Wehe mir, ich vergehe! Denn ich bin ein Mann mit unreinen Lippen … denn meine Augen haben den König, den Herrn der Heerscharen gesehen!" (siehe Jesaja 6, 5). Und dann bringt einer der Serafim Jesaja ein Stück glühender Kohle, das auf dem Altar schwelt. Das Wesen berührt Jesajas Mund mit der glühenden Kohle und sagt ihm, dass seine Schuld von ihm genommen ist.

Beide Beschreibungen dienen einem Zweck. Johannes hilft uns dabei, uns vorzustellen, wie der Thronsaal Gottes aussieht, während Jesaja uns daran erinnert, wie unsere einzige Reaktion auf einen Gott von solcher Dimension aussehen sollte. Möge Jesajas Ruf zu unserem eigenen werden. Wehe mir … wir sind ein Volk von unreinen Lippen!

Vielleicht musst du erst einmal tief Luft holen, nachdem du über den Gott nachgedacht hast, der ganze Galaxien ebenso wie kleine Raupen erschuf, über den Einen, der auf dem Thron sitzt und in alle Ewigkeit von Wesen angebetet wird, die so faszinierend sind, dass sie wochenlang in den Hauptnachrichten wären. Wenn dich das immer noch nicht in Erstaunen versetzt hat, dann schlage doch noch mal Jesaja, Kapitel 6 und Offenbarung, Kapitel 4 auf und lies die Berichte dort laut und deutlich. Und gib dein Bestes, dir vorzustellen, was die Autoren dort beschreiben.

Die angemessene Art, dieses Kapitel zu beenden, ist dieselbe wie am Anfang – indem wir in andächtigem Schweigen vor einem mächtigen und Ehrfurcht gebietendem Gott stehen, dessen unglaubliche Größe noch offensichtlicher wird, wenn wir unser eigenes eher kümmerliches Leben im Vergleich zu ihm sehen.

KAPITEL 2

Wirst du noch lang genug leben?

Du könntest sterben, ehe du dieses Kapitel zu Ende gelesen hast. Ich könnte sterben, während du es liest. Heute. Jeden Augenblick.

Es ist auch zu einfach, den heutigen Tag wie jeden anderen zu betrachten. Ein durchschnittlicher Tag, und du machst dich ans Werk, beschäftigt mit deiner Liste, was noch zu erledigen ist, in Gedanken schon bei deinen Verabredungen, konzentriert auf deine Familie, und du denkst an deine Wünsche und Bedürfnisse.

An den meisten unserer Tage leben wir ganz mit uns selbst beschäftigt. An durchschnittlichen Tagen denken wir nicht viel über Gott nach. Im Alltag vergessen wir, dass unser Leben tatsächlich nur ein Hauch ist.

Aber an diesem heutigen Tag ist nichts „Normales" dran: Denke einfach mal an all die Dinge, die funktionieren müssen, damit du leben kannst.

Zum Beispiel deine Nieren. Die einzigen Menschen, die wirklich über ihre Nieren nachdenken, sind die Menschen, deren Nieren nicht richtig arbeiten. Die meisten von uns halten ihre Nieren, ihre Leber, ihre Lungen und die anderen inneren Organe, die für uns lebenswichtig sind, für selbstverständlich.

Stell dir vor, du fährst mit etwa 100 Stundenkilometern die Straße entlang und bist vielleicht keinen Meter weit von den Autos entfernt, die mit derselben Geschwindigkeit in die andere Richtung fahren? Es bräuchte nur jemand mit dem Arm zu zucken – und du wärest tot! Ich glaube nicht, dass das makaber ist. Das ist einfach Realität.

Es ist abgehoben zu meinen, das *heute* sei ein ganz normaler Tag wie jeder andere, mit dem wir machen können, was *wir* wollen. Für alle, die sagen: „Heute oder morgen wollen wir in die und die Stadt reisen und dort ein Jahr zubringen, Handel treiben und Gewinn machen", schreibt Jakobus: „... und doch wisst ihr nicht, was morgen sein wird! Denn was ist euer Leben? Es ist doch nur ein Dunst, der eine kleine Zeit sichtbar ist; danach aber verschwindet er" (Jakobus 4,13-14).

Darüber nachzudenken ist also in der Tat vielleicht ein wenig befremdlich. Denn glaubst du wirklich nicht, nachdem du diese Verse gelesen hast, dass du nicht genauso von einem Augenblick auf den anderen vergehen könntest? Dass du vielleicht heute sterben könntest? Oder fühlst du dich stattdessen irgendwie unbesiegbar oder ewig?

Frederick Buechner schreibt: „Im Verstand wissen wir alle, dass wir sterben werden, aber wir verstehen es nicht wirklich, sodass dieses Wissen ein Teil von uns wird. Wir verstehen es nicht in dem Sinne, dass wir auch so leben, als ob es wahr wäre. Im Gegenteil, wir neigen dazu, so zu leben, als ob unser Leben ewig weitergehen würde."[3]

Gerechtfertigter Stress?

Ich hatte nie mit Herzproblemen zu tun gehabt, bis ich vor ein paar Jahren anfing, Herzrasen zu bekommen. Mit der Zeit kam das immer öfter vor, und das beunruhigte mich. Schließlich erzählte ich meiner Frau davon. Falls mir etwas passieren sollte, wollte ich nicht, dass es völlig unerwartet für sie kam. Sie schlug vor, zum Arzt zu gehen, aber ich weigerte mich, weil ich eigensinnig bin und das selbst regeln wollte.

Wenn ich ehrlich war, wusste ich, was das Problem war: Ich war vollkommen von Stress überwältigt. Es war in der Weihnachtszeit, und es gab eine Menge Dinge, an die ich denken und um die ich mich kümmern musste. An Heiligabend aber verstärkte sich das Problem so sehr, dass ich meiner Frau sagte, ich würde nach dem Gottesdienst in die Notaufnahme fahren. Während des Gottesdienstes jedoch legte ich alle meine Sorgen und den ganzen Stress vor Gott nieder. Die Symptome verschwanden langsam und ich musste nicht zum Arzt.

Ich glaubte immer, dass es in dieser Welt zwei Arten von Menschen gibt: die einen, die sich von Natur aus immer Sorgen machen, und die andern, die von Natur aus fröhlich sind. Ich konnte eigentlich nichts dafür, dass ich zu der Sorte gehörte, die sich eher sorgte. Ich bin ein Problemlöser, also richte ich mein Hauptaugenmerk auf die Dinge, die behoben werden müssen. Gott kann sehen, dass meine innere Anspannung und meine Besorgnis mit meinem Dienst zusammenhängen. Ich mache mir Sorgen, weil ich seine Arbeit ernst nehme.

Richtig?

Aber da gibt es dieses verblüffende Gebot: „Freut euch im Herrn allezeit; abermals sage ich sagen: Freut euch!" (Philipper 4,4). Wie ihr sicher bemerkt, endet es nicht mit: „… außer wenn ihr etwas äußerst Wichtiges verrichtet." Nein, dieses Gebot gilt für uns alle, und es wird gefolgt von der Aufforderung: „Sorgt euch um nichts" (Vers 6). Diese

Erkenntnis war für mich ziemlich überwältigend. Aber was ich dann als Nächstes erkannte, war noch viel überwältigender.

Wenn ich von meinen Problemen vereinnahmt bin – gestresst von meinem Leben, meiner Familie und meiner Arbeit –, dann vermittle ich die Überzeugung, dass ich meine Umstände für wichtiger halte als Gottes Gebot, mich allezeit zu freuen. Mit anderen Worten, ich hätte ein „Recht" darauf Gott ungehorsam zu sein, weil meine Verpflichtungen einfach zu viele und zu groß sind.

Sorge deutet also an, dass ich nicht so richtig glaube, dass Gott groß genug, mächtig und liebevoll genug ist, um sich um die Belange meines Lebens zu kümmern.

Stress, wenn man ihn uns anmerkt, wiederum besagt, dass die Dinge, mit denen wir uns beschäftigen, wichtig genug sind, um daher mit Ungeduld, einem Mangel an echter Zuwendung anderen gegenüber und mit einer verbissenen Kontrollwut durchs Leben zu gehen.

Im Grunde genommen vermitteln uns diese beiden *Verhaltensmuster,* es sei völlig in Ordnung zu sündigen und Gott nicht zu vertrauen, weil diese ganzen Geschichten in meinem Leben irgendwie *eine Ausnahme erzeugen.* Beide, Besorgnis und Stress, stinken jedoch vor Überheblichkeit. Sie beweisen unsere Neigung zu vergessen, dass uns vergeben wurde, dass unser Leben hier nur kurz ist, und dass wir für einen Ort bestimmt sind, wo wir niemals mehr einsam, ängstlich oder verletzbar sein werden – denn im Zusammenhang mit Gottes Stärke sind unsere Probleme in Wirklichkeit ganz klein.

Warum vergessen wir Gott so schnell? Was glauben wir, wer wir sind? Ich persönlich muss diese Lektion immer wieder lernen. Obwohl ich kurze Blicke auf Gottes Heiligkeit werfen kann, bin ich immer noch dumm genug zu vergessen, dass es im Leben nur um Gott geht und überhaupt nicht um meine kleine, sterbliche Wenigkeit.

Das sieht dann ungefähr so aus … angenommen du hast eine Statistenrolle in einem Film, der bald herauskommt. Wahrscheinlich wirst du diese eine Szene, in der Hunderte von Menschen umherlaufen, genauestens untersuchen und nur auf diesen einen Sekundenbruchteil warten, wo du deinen Hinterkopf sehen kannst. Vielleicht sind deine Mutter und dein bester Freund über diesen Sekundenbruchteil genauso begeistert wie du … *vielleicht.* Aber niemand sonst wird erkennen können, dass du das bist. Selbst wenn du es ihnen sagst, ist es ihnen wohl egal.

Gehen wir noch einen Schritt weiter. Wie wäre es, wenn du bei der Premiere das ganze Kino mietest und alle deine Freunde und Familie einlädst, zu kommen und sich den neuen Film über dich anzusehen? Die Leute werden sagen: „Du bist ein Depp! Wie kommst du darauf, dass es in dem Film um dich geht?“ – Viele Christen sind noch viel wahnwitziger als die Beispielperson, die ich eben beschrieben habe. So viele von uns denken und leben, als ginge es im Film des Lebens nur um uns. Was ja auch kein Wunder ist in unserer egomanen westlichen Gesellschaft.

Betrachten wir jetzt mal den „Film des Lebens“ …

Gott erschafft die Welt. (Hast du damals gelebt? Sprach *Gott* mit dir, als er über den Dingen, die er gerade erschuf, ausrief: „Es ist gut“?) – Dann rebellieren die Menschen gegen *Gott* (der in diesem Beispiel eine Art Hauptdarsteller ist, falls du es noch nicht bemerkt hast) und *Gott* überflutet die Erde, um das Chaos loszuwerden, das die Menschen anrichteten. – Einige Generationen später sondert *Gott* einen neunzigjährigen Mann mit Namen Abram aus, um ihn zum Vater einer Nation zu machen (hattest du irgendetwas damit zu tun?).

Später kommen dann Josef und Mose und viele andere ganz normale und unzulängliche Leute dazu, um die es in diesem „Film“ auch an sich nicht geht. *Gott* ist der eine, der sie aussucht, sie leitet und Wunder durch sie wirkt. – In der nächsten Szene sendet *Gott* sogenannte Richter und Propheten zu seinem Volk, weil die Menschen ihm anscheinend nicht das Eine geben können, das er von ihnen verlangt – Gehorsam gegenüber ihm als Schöpfer des Ganzen.

Und dann der Höhepunkt: Der Sohn *Gottes* wird in dem Volk geboren, das Gott irgendwie immer noch liebt. Während der Zeit auf der Erde lehrt sein Sohn seinen Nachfolgern, was wahre Liebe wirklich ist. Dann stirbt der Sohn *Gottes* auf böse Weise, wird auferweckt und geht zurück, um wieder bei *Gott* zu sein.

Obwohl unser „Film" noch nicht ganz zu Ende ist, wissen wir, was die letzte Szene beinhaltet. Es ist die Szene, die ich bereits in diesem Kapitel beschrieb: den Thronsaal *Gottes*. Hier betet jedes himmlische Wesen *Gott* an, der auf dem Thron sitzt. Denn er allein ist würdig, angebetet zu werden. Von Anfang bis Ende ist dieser „Film" offensichtlich nur über den einen, über Gott. Er ist der Hauptdarsteller. *Wie ist es nur möglich, dass wir so leben, als ob es um uns ginge?* Unsere Rolle in dem „Film", unser kurzes Leben, liegt irgendwo zwischen der Zeit, als Jesus in den Himmel aufsteigt (Apostelgeschichte), und der Zeit, wenn wir Gott in seinem Thronsaal anbeten werden (Offenbarung).

Wir haben nur diesen Bruchteil einer Sekunde lang auf der Erde zu leben. Ich weiß nicht, wie es dir geht, aber ich möchte, dass mein Bruchteil darin besteht, so viel wie möglich aus unserem Verhältnis zu Gott zu machen. In 1. Korinther 10, Vers 31 heißt es: „Ob ihr nun esst oder trinkt oder sonst etwas tut, tut alles zur Ehre Gottes!" Nur darum geht es in unserem Sekundenbruchteil.

Was bedeutet das also für dich? – Ehrlich gesagt, *du musst über dich selbst hinwegkommen.* Das klingt vielleicht hart, aber ganz im Ernst, genau das bedeutet es tatsächlich.

Möglicherweise ist das Leben für dich im Moment recht angenehm. Gott gab dir all diese guten Sachen, damit du dich der Welt als eine Person zeigen kannst, die Segnungen genießt und in diesem Genuss auch noch völlig Gott nachzufolgen scheint.

Oder das Leben ist gerade hart und alles ist ein Kampf. Gott hat diese schweren Dinge in deinem Leben zugelassen, damit du der Welt zeigen kannst, dass dein Gott groß ist und du ihn kennst, Frieden und Freude bringt, selbst wenn das Leben hart ist. Wie der Psalmist, der schrieb: „Als ich das Wohlergehen der Gottlosen sah … Ganz umsonst habe ich mein Herz rein gehalten … So sann ich denn nach, um dies zu verstehen; aber es war alles vergebliche Mühe in meinen Augen – bis ich in das Heiligtum Gottes ging" (Psalm 73,3+13,16+17). Man wird leicht enttäuscht von den Umständen eines Lebens, wenn man sie mit denen anderer vergleicht. Aber, was hier hervorgehoben werden soll: In seiner Gegenwart gibt Gott uns tiefen Frieden und eine Freude, die alles übersteigt.

Um einmal ganz brutal ehrlich zu sein, *es spielt eigentlich keine Rolle, in was für einer Lage du dich gerade befindest.* Dein Teil ist es, ihn zu verherrlichen – ob du nun ein Sandwich in der Mittagspause isst oder um 00:04 Uhr einen Kaffee trinkst, um wach zu bleiben und zu lernen, oder ob du dein vier Monate altes Kind im Schlaf beobachtest. – Der Sinn deines Lebens ist es, auf ihn hinzuweisen. *Egal, was du gerade tust, Gott möchte darin verherrlicht werden,* weil er hinter allem steht. Es ist sein Film, seine Welt, seine Gabe.

Gott sei Dank sind wir schwach

Obwohl *Gott* uns also dieses Leben gab – die kurze Szene in dem eben beschriebenen Film –, vergessen wir dennoch, dass nicht wir die Kontrolle haben. Ich wurde an die Zerbrechlichkeit des Lebens bei der Geburt unseres vierten Kindes, unseres einzigen Sohns, erinnert. Einmal wollten unsere kleinen Mädchen ganz unvermittelt ihren neugeborenen Bruder umhertragen. Meine Frau und ich sagten ihnen ständig, sie sollten vorsichtig sein, weil er zart war. Ich fragte mich, wann er wohl nicht mehr so zerbrechlich sein würde. Wenn er zwei Jahre alt ist? Oder acht? In der Realschule? Auf dem College? Wenn er verheiratet ist? Sobald er Kinder hat?

Ist Leben nicht immer zerbrechlich? Es ist niemals kontrollierbar. Und als ich so dasaß und meinen Sohn hielt und über seine Zukunft nachdachte, wurde mir sehr klar, dass ich wenig Einfluss darauf hatte, ob er je Gott lieben würde. Und letztendlich ist es mit meinem eigenen Leben genauso – ich habe nicht die Kontrolle darüber und über das, was mir noch widerfahren wird. Ist es an diesem Punkt also nicht zwangsläufig so, dass man sich ein geschütztes, sicheres und geordnetes Leben einrichten möchte? Sollten wir nicht logischerweise damit aufhören, immer neue Risiken einzugehen und uns von unseren Ängsten vor dem, was passieren könnte, beherrschen lassen?

Eine Möglichkeit zu reagieren ist, sich zu verschließen. – Die andere ist, dass wir uns eingestehen, wie wenig wir letztlich in der Hand haben, und uns nach Gottes Hilfe ausstrecken. Wenn das Leben so sicher und stabil wäre, bräuchte ich nicht Gottes Hilfe. Aber weil dem nicht so ist, strecke ich mich gern nach ihm aus. Ich bin dankbar für das Unbekannte in meinem Leben und dass nicht ich die Kontrolle habe, denn dadurch laufe ich zu Gott als meinem Vater.

Nur um noch mal die Vergänglichkeit unseres Lebens in die richtige Perspektive zu rücken: Im Laufe der Geschichte lebten etwa zwischen 96 und 110 Milliarden Menschen auf dieser Erde.[4] Das sind 110.000.000.000. In etwa fünfzig Jahren (du kannst ein paar Jahrzehnte abrechnen oder dazuzählen) wird sich niemand mehr an dich erinnern. Jeder, der dich kannte, wird bereits selber tot sein. Und sicher wird sich auch niemand dafür interessieren, was für einen Job du hattest, was für ein Auto du gefahren hast, in welche Schule du gegangen und was für Kleidung du getragen hast. Das kann erschrecken oder beruhigend wirken oder beides.

Bist du bereit?

Da ich Pastor bin, werde ich oft gerufen, wenn wieder ein Leben „wie ein Hauch vergeht". Am stärksten zu denken gab mir das Beispiel von Stan Gerlach, einem erfolgreichen Geschäftsmann, gut bekannt in seiner Stadt. Stan hielt gerade eine Trauerrede bei einer Beerdigung, als er beschloss, das Evangelium zu verkünden. Am Ende seiner Botschaft sagte er zu den Trauergästen: „Ihr wisst nie, wann Gott euer Leben nehmen wird. In diesem Augenblick gibt es nichts, was ihr dagegen tun könnt. Seid ihr bereit?" Dann setzte Stan sich hin, fiel vornüber und starb. Seine Frau und seine Söhne versuchten noch, ihn wiederzubeleben, aber sie konnten nichts mehr für ihn tun – genau wie Stan es nur wenige Minuten zuvor noch selber gesagt hatte.

Ich vergesse auch nicht, als dann dieser Anruf kam und ich mich zum Haus der Gerlachs aufmachte. Stans Frau Suzy kam gerade nach Hause. Sie umarmte mich und weinte. Einer ihrer Söhne stieg weinend aus dem Auto. Er fragte mich: „Hast du die Geschichte gehört? Hast du es schon gehört? Ich bin so stolz auf ihn. Mein Papa starb, während er das tat, was er am meisten liebte – er erzählte den Menschen von Jesus."

Man bat mich, ein paar Worte zu den Anwesenden zu sprechen. Es waren seine Kinder, Enkel, Nachbarn und Freunde da. Ich schlug meine Bibel in Matthäus 10,32-33 auf: „Jeder nun, der sich zu mir bekennt vor den Menschen, zu dem werde auch ich mich bekennen vor meinem Vater im Himmel; wer mich aber verleugnet vor den Menschen, den werde auch ich verleugnen vor meinem Vater im Himmel."

Ich bat jeden, sich einmal vorzustellen, wie das für Stan gewesen sein muss. Erst befindet er sich in einem Trauergottesdienst und sagt zu der Menge: „Das ist Jesus!", im nächsten Augenblick steht er vor Gott und hört, wie Jesus sagt: „Das ist Stan Gerlach!" In der einen Sekunde bekennt er Jesus, und eine Sekunde später bekennt Jesus ihn! – So schnell kann es gehen. Und es könnte jedem von uns passieren. Und wird es auch. Mit den Worten von Stan Gerlach: *„Bist du bereit?"*

Brooke Bronkowski war ein sehr hübsches, vierzehn Jahre altes Mädchen, das voller Liebe für Jesus war. Als sie auf der Junior Highschool war, gründete sie auf ihrem Campus eine Bibelstunde. Sie gab das Geld, das sie durch Babysitten verdiente, für Bibeln aus, um diese ihren unerretteten Freunden zu geben. Jugendpastoren, die davon hörten, brachten ihr ganze Kartons voller Bibeln, die sie verschenken konnte.

Brooke schrieb folgenden Aufsatz, als sie etwa zwölf Jahre alt war. Er wird dir einen Eindruck vermitteln, was für ein Mädchen sie war:

„WEIL ICH DAS LEBEN NOCH VOR MIR HABE"

Ich werde mein Leben in vollen Zügen genießen. Ich werde glücklich sein. Ich werde mich glänzend entwickeln. Ich werde fröhlicher sein als jemals zuvor. Ich werde freundlich zu anderen sein. Ich werde ganz locker bleiben und anderen von Christus erzählen. Ich werde Abenteuer bestehen und die Welt verändern. Ich werde mutig sein und so bleiben, wie ich wirklich bin. Ich werde keine Probleme haben, sondern stattdessen anderen bei ihren Problemen helfen.

> *Weißt du, ich werde einer dieser Menschen sein, die leben, um bereits in jungen Jahren Geschichte zu machen. Oh, es wird gute und schlechte Zeiten geben, aber ich werde die schlechten wegwischen und mich nur an die guten erinnern. Tatsächlich erinnere ich mich an nichts anderes, nur an die guten Momente, nichts dazwischen, nur daran, mein Leben in vollen Zügen zu genießen. Ich werde einer der Menschen sein, die irgendwo hingehen mit einer Mission, einem großartigen Auftrag, einem Plan, der die Welt verändert, und nichts wird mich daran hindern. Ich werde ein Beispiel für andere sein. Ich werde um Führung beten.*
>
> *Ich habe das Leben noch vor mir. Ich werde anderen die Freude schenken, die ich habe, und Gott wird mir mehr Freude geben. Ich werde alles tun, was Gott mir sagt. Ich werde den Fußstapfen Gottes folgen. Ich werde mein Bestes geben!!!*

In ihrem ersten Jahr auf der Highschool hatte Brooke auf dem Weg ins Kino einen Autounfall. Ihr Leben auf dieser Erde endete mit nur vierzehn Jahren, aber nicht ihr Einfluss. Fast fünfzehnhundert Menschen kamen zu ihrem Trauergottesdienst. Schüler aus ihrer Highschool lasen Gedichte vor, die sie über ihre Liebe zu Gott geschrieben hatte. Jeder sprach von ihrem Beispiel und ihrer Freude. Ich verkündete bei diesem Trauergottesdienst das Evangelium und lud alle ein, die Jesus kennenlernen wollten, nach vorne zu kommen und ihr Leben ihm zu geben. Es waren wohl mindestens zweihundert Studenten, die in der Kirche am Altar auf ihren Knien lagen und für ihre Errettung beteten. Die Ordner gaben jedem von ihnen eine Bibel. Es waren die Bibeln, die Brooke noch in ihrer Garage aufbewahrt hatte, in der Hoffnung, sie alle ihren unerretteten Freunden geben zu können. An einem einzigen Tag führte Brooke mehr Menschen zum Herrn, als es die meisten von uns je tun werden.

In diesen knappen vierzehn Jahren auf dieser Erde war Brooke Christus treu geblieben. Ihr kurzes Leben war nicht verschwendet. Die Worte aus ihrem Aufsatz waren anscheinend prophetisch: „*Weißt du, ich werde einer dieser Menschen sein, die leben, um bereits in jungen Jahren Geschichte zu machen.*“

Es schockiert uns alle, wenn wir hören oder sehen, wie jemand, den wir kennen, aus dem Leben scheidet. Vielleicht kommen dir gerade jetzt, während du das liest, Gesichter oder Namen in den Sinn. Es ist gut, an diese Menschen in deinem Leben zu denken, aber auch, über den Tod nachzudenken. So wie der Verfasser des Buches Prediger schrieb: „Besser, man geht in das Haus der Trauer als in das Haus des Festgelages; denn dort ist das Ende aller Menschen, und der Lebendige nimmt es zu Herzen“ (Prediger 7,2). Die Geschichten von Menschen, die starben, nachdem sie ein gottgefälliges Leben führten, sind eigentlich Geschichten mit einem *ewigen Ausgang.*

Traurigerweise sterben viele Menschen jedoch selbstsüchtig. Ihre Beerdigungen sind voll von Menschen, die sich die Wahrheit zurechtgebogen haben, um den Anschein eines bedeutungsvollen Lebens zu erschaffen. Niemand würde es wagen, bei der Beerdigung ein unfreundliches Wort zu sagen. Es gibt so ein ungeschriebenes Gesetz, dass man über eine gerade verstorbene Person etwas Gutes sagt. Aber manchmal denken wir heimlich alle dasselbe: So ein großartiger Mensch war er doch gar nicht.

Die Wahrheit ist, dass nicht wenige Menschen ihr Leben vergeuden. Das soll keinen der Verstorbenen kritisieren, sondern eher die Lebendigen warnen. Ich kann dir mit ziemlicher Sicherheit sagen, dass deine Beerdigung schön wird. Das ist bei bekanntermaßen wiedergeborenen Menschen eigentlich immer so. A. W. Tozer sagte einmal: „Der Mensch kann sich durch seine Sünden zerstören. Das bedeutet, dass er das zerstört, was Gott auf der Erde am ähnlichsten ist. Das ist die größte Tragödie des Menschen und Gottes bitterstes Leid.“

Wenn wir einmal dem heiligen Gott gegenüberstehen, geht es nicht mehr um „Nettigkeiten“, und das wird auch ganz bestimmt nicht das sein, woran er dann denkt. Alle Komplimente, die du auf der Erde bekommen hast, wird es nicht mehr geben. Alles, was von dir noch übrig bleibt, ist die Wahrheit. Die Gemeinde in Sardes hatte einen guten Ruf, aber das spielte keine Rolle. Jesus sagte zu ihr: „Ich kenne deine Werke: Du hast den Namen, dass du lebst, und bist doch tot“ (Offenbarung 3,1). Alles was dann zählt ist, wer wir tatsächlich vor Gott sind.

„So wird das Werk eines jeden offenbar werden; der Tag wird es zeigen, weil es durchs Feuer geoffenbart wird. Und welcher Art das Werk eines jeden ist, das wird das Feuer erproben. Wenn jemandes Werk, das er darauf gebaut hat, bleibt, so wird er Lohn empfangen; wird aber jemandes Werk verbrennen, so wird er Schaden erleiden, er selbst aber wird gerettet werden, doch so wie durchs Feuer hindurch“ (1. Korinther 3,13-15). Das klingt vielleicht hart, aber Worte, die zur Sache kommen, und liebevolle Wahrheit gehen oft Hand in Hand.

Ich glaube, es ist leicht, so eine Geschichte wie die von Brooke zu hören, und einfach weiterzumachen, ohne zu erkennen, dass ganz leicht auch du derjenige sein kannst, oder ich, meine Frau, oder dein Bruder, dessen Leben plötzlich endet. Vielleicht bist du die nächste Person in deiner Familie, die stirbt. Ich könnte die nächste Person in meiner Gemeinde sein, die stirbt.

Wir müssen das *begreifen*. Wir müssen es so verstehen, dass wir unser Leben ändern. Ein Freund von mir hat zu diesem Thema eine besonders kluge Sichtweise: Er wurde einmal gefragt, ob er nicht zu viel seiner Zeit damit verbrachte zu dienen. Seine sanfte, aber ehrliche Antwort war: „Ich frage mich, ob du das auch noch sagst, wenn wir tot sind.“

Freunde, wir müssen aufhören, ein egoistisches Leben zu führen, und aufhören, Gott außen vor zu lassen. Unser Leben hier ist kurz, und nicht selten ganz unerwartet kurz sogar, und wir alle können es uns ruhig gefallen lassen, von Zeit zu Zeit daran erinnert zu werden. Deshalb schrieb ich dieses Kapitel, damit wir uns leichter daran erinnern, dass in diesem Film des Lebens nichts anderes von Bedeutung ist, als unseren Gott zu kennen und als unserem König zu dienen. Wiederhole diese Wahrheit für dich so oft wie möglich: Er ist alles für deinen Lebensweg, was du brauchst!

KAPITEL 3

Unglaublich viel Liebe

Ich lernte das Lied „Jesus liebt mich“ bereits als Kleinkind: „Jesus liebt mich ganz gewiss ...“ Auch wenn du nicht in einer Gemeinde aufgewachsen bist, weißt du wahrscheinlich, wie es endet: „... denn die Bibel sagt mir dies.“

Wenn du eine gewisse Zeit in einer Gemeinde verbracht hast, dann hast du auch in der einen oder andern Form schon mal gehört, dass Gott uns liebt. Ich glaubte das viele Jahre lang, weil es in dem Lied heißt: „... denn die Bibel sagt mir dies.“ Das einzige Problem dabei war, dass es mehr einer Redensart glich, die ich gelernt hatte, und nicht unbedingt etwas, das ich für wahr hielt. Jahrelang „hatte“ ich Gottes Liebe in meinem Kopf, kreuzte die richtigen Antworten im Test „Wie ist Gott?“ an, verstand ihn aber in meinem Herzen nie wirklich.

Ich glaube auch nicht, dass ich der Einzige bin, der Gottes Liebe missverstanden hat. Die meisten von uns haben mehr oder weniger Schwierigkeiten, Gottes absolute und grenzenlose Liebe zu uns zu verstehen, zu glauben und zu akzeptieren. Die Gründe, weshalb wir seiner Liebe nicht vertrauen, sie nicht sehen oder empfangen können, sind von Person zu Person unterschiedlich, aber wir alle verpassen deshalb etwas. Bei mir hatte das viel mit der Beziehung zu meinem leiblichen Vater zu tun.

Vater oder Papa

Der Gedanke, von einem Vater erwünscht zu sein, war für mich fremd. Als ich aufwuchs, fühlte ich mich von meinem Vater nicht erwünscht. Meine Mutter starb bei meiner Geburt, und deshalb betrachtete er mich vielleicht als die Ursache ihres Todes. Ich bin mir nicht sicher.

Ich führte nie eine tiefere Unterhaltung mit meinem Vater. Tatsächlich gab es nur eine einzige liebevolle Berührung, an die ich mich erinnern kann. Ich war damals neun Jahre alt. Er legte etwa dreißig Sekunden lang seinen Arm um mich, als wir auf dem Weg zur Beerdigung meiner Stiefmutter waren. Sonst waren die einzigen körperlichen Berührungen, die ich erfuhr, die Schläge, die ich bekam, wenn ich ungehorsam war oder ihn störte. Mein Ziel in unserer Beziehung war, ihn nicht zu ärgern. Ich tigerte im Haus umher und versuchte, ihn nicht zu verstimmen. Er starb, als ich zwölf Jahre alt war. Ich weinte, fühlte mich aber auch erleichtert.

Die Auswirkungen dieser Beziehung spürte ich noch nach Jahren und ich glaube, dass sich viele dieser Gefühle auf meine Beziehung zu Gott übertrugen. Zum Beispiel versuchte ich krampfhaft, Gott nicht mit meiner Sünde zu verärgern oder ihn mit meinen kleinen Problemen zu verstimmen. Ich hatte nicht die Erwartung, von Gott erwünscht zu sein; ich war schon glücklich, wenn Gott mich nicht hasste oder verletzte.

Versteh mich nicht falsch. An meinem Vater war nicht alles schlecht. Ich danke Gott durchaus für ihn, weil er mich Disziplin, Respekt, Furcht und Gehorsam lehrte. Ich glaube sogar, dass er mich liebte. Aber ich kann auch nicht beschönigen, wie sehr meine Beziehung zu ihm viele Jahre lang meine Wahrnehmung von Gott negativ beeinflusst hat.

Gott sei Dank nahm meine Beziehung zu Gott eine einschneidende Wende, als ich selbst Vater wurde. Nachdem mein erstes Kind geboren war, wurde mir langsam klar, wie falsch meine Gedanken über Gott waren. Zum ersten Mal bekam ich einen Vorgeschmack davon, wie Gott uns gegenüber empfindet. Ich dachte oft an meine Tochter. Ich betete für sie, während sie nachts schlief. Ich zeigte jedem, der es sehen wollte, ein Bild von ihr. Ich wollte ihr die ganze Welt schenken.

Wenn ich manchmal von der Arbeit nach Hause komme, begrüßt mich mein kleines Mädchen, indem sie die Auffahrt hinausläuft und mir in die Arme springt, bevor ich überhaupt aus dem Auto steigen kann. Du kannst dir vorstellen, dass dieser Moment, wenn ich zu Hause ankomme, einer der schönsten Augenblicke des Tages ist.

Meine eigene Liebe und das Verlangen nach der Liebe meiner Kinder ist so stark, dass es mir die Augen öffnete, wie sehr Gott uns liebt und sich nach uns sehnt. Die Art, wie meine Tochter ihre Liebe und ihr Verlangen, bei mir zu sein, ausdrückt, ist absolut umwerfend. Es ist mit nichts zu vergleichen, wenn sich deine Kinder so ehrlich und überschwänglich nach dir sehnen.

Durch dieses Erlebnis begann ich zu verstehen, dass mein Verlangen nach meinen Kindern nur ein schwaches Echo der großartigen Liebe Gottes ist – zu mir und zu jedem Menschen, den er gemacht hat. Ich bin nur ein irdischer, sündhafter Vater, und ich liebe meine Kinder so sehr, dass es schon wehtut. Wie sollte ich also nicht einem himmlischen, vollkommenen Vater vertrauen, der mich unendlich mehr liebt, als ich je meine Kinder lieben werde?

„Wenn nun ihr, die ihr böse seid, euren Kindern gute Gaben zu geben versteht, wie viel mehr wird euer Vater im Himmel denen Gutes geben, die ihn bitten!" (Matthäus 7,11). Gott ist vertrauenswürdiger als jeder andere, und dennoch stellte ich so lange Zeit seine Liebe infrage und zweifelte an seiner Zuwendung und Versorgung für mich.

Verliebt in den Einen, den ich verehre

Wenn ich mir ein Wort aussuchen könnte, das meine Gefühle als Christ in meinen ersten Jahren Gott betreffend beschreibt, dann wäre es *Furcht*. Grundsätzlich konnte ich alle Verse, die seine überwältigende Größe oder seinen Zorn beschreiben, leicht nachempfinden, eben weil ich die Erfahrung gemacht hatte, was es heißt, wenn man seinen eigenen Vater fürchtet. Ich konnte mich mit Passagen wie dieser vollkommen identifizieren:

„Er ist es, der über dem Kreis der Erde thront, und vor dem ihre Bewohner wie Heuschrecken sind; der den Himmel ausbreitet wie einen Schleier und ihn ausspannt wie ein Zelt zum Wohnen; der die Fürsten zunichtemacht, die Richter der Erde in Nichtigkeit verwandelt – kaum sind sie gepflanzt, kaum sind sie gesät, kaum hat ihr Stamm in der Erde Wurzeln getrieben, da haucht er sie an und sie verdorren, und ein Sturmwind trägt sie wie Stoppeln hinweg" (Jesaja 40,22-24).

Viele Christen werden in ihrer Gemeinde oder von ihren Eltern gelehrt, sich täglich eine gewisse Zeit zum Gebet und zum Lesen von Schriftstellen zu nehmen. Und lange Zeit bemühte auch ich mich ganz tapfer darum. Schaffte ich es mal wieder nicht, fühlte ich mich schuldig.

Mit der Zeit begriff ich, dass wir ganz natürlich zu ihm hinlaufen, wenn wir ihn lieben – und zwar regelmäßig und leidenschaftlich. Jesus hat uns nicht befohlen, jeden Tag eine bestimmte Zeit mit ihm zu verbringen. Vielmehr sagt er: „Du sollst den Herrn, deinen Gott, lieben mit deinem ganzen Herzen und mit deiner ganzen Seele und mit deinem ganzen Denken." Er nannte es das „erste und größte Gebot" (Matthäus 22,37-38). In der Folge entwickeln wir ein tiefes Gebetsleben und studieren sein Wort. Unser Antrieb verändert sich: Liebe statt Schuldgefühle.

Gott sehnt sich danach, dass wir so auf seine außergewöhnliche, unendliche Liebe reagieren; nicht mit einer oberflächlichen „stillen Zeit", geplagt von Schuldgefühlen, sondern mit einer echten Liebe, die sich in unserem Leben ausdrückt. So wie mein kleines Mädchen jeden Abend in die Auffahrt hinausläuft, um mich zu drücken, weil sie mich liebt.

Furcht ist jetzt nicht mehr das Wort, das ich benutze, um meine Gefühle für Gott zu beschreiben. Jetzt nenne ich es *innige Vertrautheit*. Noch immer respektiere ich Gott, und bete, dass es so bleibt. Die Bibel betont, wie wichtig es ist, Gott in einer richtigen Haltung gegenüberzutreten. Wie bereits in Kapitel 1 angesprochen, fehlt in unserer Kultur längst jede Achtung vor dem lebendigen Gott, und viele von uns leiden unter Gedächtnisschwund. Aber lange Zeit lag mein Hauptaugenmerk so kurzsichtig auf dieser bestimmten Art Gottesfurcht, dass ich seine großartige und überfließende Liebe überhaupt nicht wahrnahm.

Erwünscht

Aus dem Wunsch heraus, in meiner Liebe zu Gott zu wachsen, beschloss ich vor Kurzem, ein paar Tage allein mit ihm in den Wäldern zu verbringen. Bevor ich ging, betete ein Freund: „Herr, ich weiß, wie sehr du dir diese Zeit mit Francis gewünscht hast ..." Obwohl ich in dem Moment nichts dazu sagte, hielt ich es insgeheim für eine ketzerische Art zu beten und dachte, dass es falsch von meinem Freund war, es so auszudrücken.

Ich ging in die Wälder, weil *ich* mehr von Gott wollte. Aber er ist nun mal *Gott*. Er würde doch sicher nicht *mehr von mir* wollen! Ich dachte, es würde Gott erniedrigen zu denken, dass er sich nach einem menschlichen Wesen sehnen könnte. Je mehr ich aber in der Schrift forschte, desto mehr begriff ich, wie richtig das Gebet meines Freundes war, und dass meine Reaktion auf sein Gebet erkennen ließ, wie sehr ich doch noch an Gottes liebender Zuwendung zweifelte. In meinem Glauben war Gottes Liebe immer noch eher theoretisch und keine Herzensrealität, in der ich lebte oder die ich erfuhr.

Schließlich verbrachte ich vier Tage in den Wäldern, ohne mit einem anderen Menschen Kontakt zu haben. Ich hatte keinen Plan und kein Programm, ich öffnete einfach meine Bibel. Ich halte es für keinen Zufall, dass meine Bibel gleich am ersten Tag bei Jeremia 1 aufklappte. Nachdem ich den Abschnitt gelesen hatte, dachte ich die nächsten vier Tage lang darüber nach. Er handelte davon, wie sehr Gott mich persönlich kannte. Ich hatte immer schon seine absolute Herrschaft über mich anerkannt, aber die Verse 4 und 5 brachten das Ganze auf eine andere Ebene:

„Und das Wort des Herrn erging an mich folgendermaßen: Ehe ich dich im Mutterleib bildete, habe ich dich ersehen, und bevor du aus dem Schoß hervorkamst, habe ich dich geheiligt; zum Propheten für die Völker habe ich dich bestimmt" (Jeremia 1,4+5). Mit anderen Worten: Gott kannte mich, bevor er mich schuf. – Bitte gehe nicht einfach über etwas so Grundlegendes hinweg, nur weil du das schon mal so oder so ähnlich gehört hast. Nimm dir Zeit, wirklich darüber nachzudenken. Ich sage es noch einmal: *Gott kannte dich und mich,* ehe *wir überhaupt existierten.*

Als ich das zum ersten Mal verdaute, kamen mir all meine anderen Beziehungen im Vergleich dazu sehr belanglos vor. Gott war von Anfang an bei mir – um genau zu sein, sogar *vor* allem Anfang. Mein nächster Gedanke, allein in den Wäldern, war, dass er bestimmte, was Jeremia einmal tun sollte, noch ehe er geboren war. Noch zweifelte ich, dass es bei mir auch so war. Vielleicht traf das alles nur auf Jeremias Leben zu?

Dann erinnerte ich mich an Epheser 2, Vers 10, dass wir geschaffen sind „zu guten Werken, die Gott zuvor bereitet hat, damit wir in ihnen wandeln sollen". Dieser Vers ist für alle bestimmt, die „aus Gnade errettet sind, durch den Glauben". Meine Existenz ist weder ein Zufall, noch war es ein Versehen. Gott wusste, wen er erschuf und er gestaltete mich für ein bestimmtes Werk.

Die nächsten Worte, die Gott zu Jeremia sprach, bestätigten mir, dass ich mich nicht vor meinem Versagen fürchten muss: „Da sprach ich: Ach Herr, Herr, siehe, ich kann nicht reden, denn ich bin noch zu jung! Aber der Herr sprach zu mir: Sage nicht: Ich bin zu jung; sondern du sollst zu allen hingehen, zu denen ich dich sende, und du sollst alles reden, was ich dir gebiete! Fürchte dich nicht vor ihnen! Denn ich bin mit dir, um dich zu erretten, spricht der Herr. Und der Herr streckte seine Hand aus und rührte meinen Mund an; und der Herr sprach zu mir: Siehe, ich lege meine Worte in deinen Mund! Siehe, ich setze dich am heutigen Tag über die Völker und über die Königreiche ein, um auszurotten und niederzureißen, und um zu zerstören und abzubrechen, um zu bauen und zu pflanzen!" (Jeremia 1,6-10).

Als Jeremia sein Zögern und seine Furcht ausspricht, berührt Gott – der Gott, der alle Galaxien erschaffen hat – seinen Mund. Es ist eine sanfte und liebevolle Geste, etwas, das liebende Eltern tun würden. Durch diese Darstellung begriff ich, dass ich mir keine Sorgen machen musste, seine Erwartungen nicht erfüllen zu können. Gott wird mir meinen Erfolg garantieren – und zwar gemäß seinem Plan, nicht meinem.

Das ist der Gott, dem wir dienen, der Gott, der uns kannte, *ehe* er uns erschuf. Der Gott, der verspricht, bei uns zu bleiben und uns zu erretten. Der Gott, der uns liebt und sich danach sehnt, dass wir diese Liebe erwidern. – Warum also beharrt Gott so sehr darauf, uns zu *lieben*, wo wir doch ständig gegen ihn sündigen, uns nicht liebenswert verhalten und lieblos sind? Wenn ich in meiner Kindheit etwas Ungezogenes tat, wurde ich dafür bestraft und auch mal nicht geliebt. Ob wir es nun zugeben oder nicht, jeder von uns hat Gott schon einmal verärgert. Jesus sagte deshalb: „Niemand ist gut als Gott allein!“ (Lukas 18,19).

Warum also liebt Gott uns trotzdem? Ich habe darauf keine Antwort. Aber ich weiß, dass es ohne die Barmherzigkeit Gottes keine Hoffnung gäbe. Egal, wie sehr wir versuchen würden, gut zu sein, für unsere Sünden würden wir doch bestraft. Viele Menschen betrachten ihr Leben und wägen ihre Sünden gegen ihre guten Taten ab. In Jesaja 64,5 heißt es aber: „Wir sind ja allesamt geworden wie Unreine, und alle unsere Gerechtigkeit wie ein beflecktes Kleid.“ Unsere guten Taten können niemals unsere Sünden aufwiegen.

Wörtlich übersetzt ist hier von einem Kleid die Rede, das „von der Monatsregel befleckt“ wurde (praktisch ein benutzter Tampon … und wenn du diese Vorstellung ekelhaft findest, dann hast du verstanden, was Jesaja damit sagen will). Es ist schwer sich vorzustellen, etwas so Widerliches allen zeigen und damit angeben zu wollen. Aber genau so wirken selbst unsere „guten Taten“ im Vergleich zu der vollkommenen Heiligkeit Gottes.

Gottes Barmherzigkeit ist ein *kostenloses*, aber dennoch sehr kostbares *Geschenk*. Man kann es sich nicht verdienen. Unsere gerechten Werke helfen uns sicherlich genauso wenig wie ein „mit Blut beflecktes Kleid“ dabei, uns das zu verdienen. Der Lohn der Sünde ist *immer* der Tod. Aber weil Gott barmherzig ist, hat Jesus Christus für alle Sünde bezahlt – durch seinen Tod an meiner und deiner Stelle.

Ein ungewöhnliches Erbe

Die Tatsache, dass ein heiliger, allwissender, allmächtiger, barmherziger, fairer und gerechter Gott dich und mich liebt, ist mehr als erstaunlich. Das Abenteuerlichste dabei ist, dass Jesus uns nicht lieben *muss*. Er selbst ist absolut vollkommen und perfekt, auch ohne die Menschheit. Er braucht weder dich noch mich. Dennoch will er uns, erwählt uns, und betrachtet uns sogar als sein Erbe (Epheser 1,18). Die größte Erkenntnis, die wir jemals haben können, ist zu wissen, dass *Gott uns als wertvoll erachtet.*

Das ist wirklich unbeschreiblich erstaunlich. Der heilige Schöpfer betrachtet dich als sein „herrliches Erbe". Die Ironie dabei ist, dass Gott uns nicht braucht, uns aber dennoch will. Wir dagegen brauchen Gott unbedingt, wollen ihn aber meistens gar nicht wirklich. Er schätzt uns wert und freut sich auf unser Abscheiden von dieser Erde, damit wir bei ihm sein können – und wir fragen uns eher gleichgültig, wie viel wir wohl für ihn *tun* müssen, um „über die Runden zu kommen".

Habe ich eine Wahl?

Als ich vor Kurzem zu einigen Collegestudenten sprach, nahm die anschließende Gegenüberstellung zwischen unserer Unempfänglichkeit und Gottes großem Verlangen nach uns eine interessante Wende. Ein Student fragte nämlich: „Warum sollte ein liebender Gott mich zwingen, ihn zu lieben?"

Das schien eine seltsame Frage zu sein. Als ich den Studenten bat, uns zu verdeutlichen, was er meinte, antwortete er: „Gott droht mir mit der Hölle und mit Bestrafung, wenn ich nicht eine Beziehung zu ihm aufbaue." Meine postwendende Antwort war einfach: Gott zwingt uns nicht, ihn zu lieben. Es ist unsere Entscheidung. – Aber hier ging es noch um etwas viel Wichtigeres, und ich war mir in diesem Moment nicht sicher, wie ich darauf antworten sollte. Inzwischen hatte ich Zeit darüber nachzudenken, heute würde ich diesem Studenten Folgendes sagen: Wenn Gott tatsächlich das Beste auf dieser Erde ist, wäre er dann ein liebender Gott, wenn er uns nicht mit dem zusammenbringen wollte, was das Beste für uns ist (auch wenn es sich dabei zufällig um ihn selbst handelt)? Beweist nicht sein Werben, Locken, Schieben, Rufen und sogar sein „Drohen" seine Liebe zu uns?

Wenn er nicht so verfahren würde, würden wir ihn dann am Ende nicht als lieblos bezichtigen, wenn eines Tages alle Dinge offenbar werden? Wenn jemand dich fragt, was das höchste Gut auf dieser Erde ist, was sagst du dann? Eine fantastische Zeit beim Surfen? Finanzielle Sicherheit? Gesundheit? Tiefe, bedeutungsvolle Freundschaften? Intimität mit deinem Ehepartner? Das Gefühl der Zugehörigkeit? – Nein, *das höchste Gut auf dieser Erde ist Gott.* Punkt. Das eine Ziel, das Gott für uns hat, ist er selbst.

Die gute Nachricht – vielmehr die beste Nachricht der Welt – ist, dass du den lebendigen Gott selbst für dein Leben kennen kannst. Glaubst du, dass Gott das Großartigste auf der ganzen Welt ist, das du erleben kannst? Glaubst du, dass die gute Nachricht nicht einfach nur die Vergebung der Sünden ist, die Garantie, nicht in die Hölle zu kommen, oder die Zusage auf ein Leben im Himmel? – Die besten Dinge im Leben sind die Gaben von dem Einen, der uns unerschütterlich liebt. Aber wir müssen uns eine wichtige Frage stellen: Lieben wir Gott selbst, oder nur all das Drumherum der Schöpfung?

Stell dir vor, wie schrecklich es sich anfühlen würde, wenn dein Kind dir sagte: „Papa, ich liebe dich eigentlich nicht, und deine Liebe möchte ich auch nicht. Aber ich hätte gerne mein Taschengeld, bitte." Im umgekehrten Fall, was für ein schönes Geschenk wäre es, wenn dein geliebtes Kind dir in die Augen sieht und sagt: „Ich liebe dich. Nicht deine Schönheit, nicht dein Geld, nicht deine Familie und auch nicht dein Auto. Nur *dich.*"

Kannst *du* das zu Gott sagen?

Unsere Liebe zu ihm entsteht aus seiner Liebe zu uns. Liebst du diesen Gott, der alles für uns ist, *oder liebst du nur all das, was er dir gibt?* Weißt du und glaubst du wirklich, dass Gott dich liebt, ganz besonders, persönlich und innig? Siehst du und erkennst du ihn als Abba (aramäisch für: *Vater*), deinen Vater?

Sieh dir im Internet noch einmal die Videos auf www.luqs.de/volltreffer an. Sie erinnern dich daran, wer du bist, und sie erinnern dich an die geniale, total unverdiente Liebe Gottes.

KAPITEL 4

Steckbrief eines Lauwarmen

Es sind nicht die wissenschaftlichen Zweifel, nicht der Atheismus (die Lehre von der Gottesleugnung), nicht der Pantheismus (die Lehre, das „Göttliche" in allen Erscheinungen der Welt zu sehen), nicht der Agnostizismus (Lehre von der Unerkennbarkeit der objektiven Welt), die dabei sind, das Licht des Evangeliums auszulöschen. Es ist die stolze, sinnenfreudige, selbstsüchtige, verschwenderische, Religion heuchelnde, hohlherzige Wohlstandsgesellschaft.[5]

Auf der einen Seite ist also ein unermesslicher, fehlerloser und ewiger Gott, der sich den von ihm erschaffenen zerbrechlichen Wesen mit einer unbändigen Liebe zuwendet. Obgleich wir jeden Augenblick sterben können und eher annehmen, dass uns unser kümmerliches Leben doch näher liegt, als ihn zu lieben, bleibt dennoch seine unendliche, unfassbare Liebe zu uns unverändert bestehen.

Die einzige Antwort, die mir dazu einfällt, ist die des Mannes aus einem der Gleichnisse Jesu: „Wiederum gleicht das Reich der Himmel einem verborgenen Schatz im Acker, den ein Mensch fand und verbarg. Und vor Freude darüber geht er hin und verkauft alles, was er hat, und kauft jenen Acker“ (Matthäus 13,44). In diesem Bericht verkaufte der Mann mit Freuden alles, was er hatte, damit er das Einzige erwerben konnte, was wirklich zählte. Er wusste, dass er zufällig auf etwas gestoßen war – nämlich das Reich Gottes –, das wertvoller war als alles, was er sonst besaß. Also setzt er alles daran, es zu besitzen. Diese Art von überschwänglicher Reaktion auf Gottes Liebe ist völlig angebracht. Dennoch – wie reagieren wohl wir, wenn wir so einen großen Schatz finden würden?

Wir lassen uns zum Beispiel von Zahlen beeindrucken. Wir messen den Erfolg einer Veranstaltung eher daran, wie viele Menschen anwesend waren oder nach vorne kamen. Wir beurteilen Gemeinden danach, wie viele Mitglieder sie zählen. Große Menschenmengen beeindrucken uns. Jesus stellte die Glaubwürdigkeit einer solchen Vorgehensweise infrage. Wie Lukas im achten Kapitel berichtet, begann Jesus deshalb in Gleichnissen zu sprechen, als eine Menschenmenge ihm folgte, *damit* alle, die nicht ernsthaft zuhörten, auch nichts verstehen würden.

Wenn sich heute die Menschenmengen versammeln, sind die Sprecher äußerst darauf bedacht, sich in einer Weise mitzuteilen, die jedem verständlich ist. Diese Sprecher gebrauchen gar nicht erst eine mit Jesus vergleichbare Taktik, um die Menschen auszuschließen, die nicht ernsthaft nach der Wahrheit suchen. Ich halte es für kennzeichnend, dass Jesus an solcherlei Menschen einfach nicht interessiert war, die nur so tun als ob.

Im Gleichnis vom Sämann (Matthäus 13,3-15) erklärte Jesus, dass der Same die Wahrheit (das Wort Gottes) ist: „Und er redete vieles in Gleichnissen zu ihnen und sprach: Siehe, der Sämann ging hinaus zu säen; und indem er säte, fiel einiges an den Weg, und die Vögel kamen und fraßen es auf. Anderes aber fiel auf das Steinige, wo es nicht viel Erde hatte; und sogleich ging es auf, weil es nicht tiefe Erde hatte. Als aber die Sonne aufging, wurde es verbrannt, und weil es keine Wurzel hatte, verdorrte es. Anderes aber fiel unter die Dornen; und die Dornen sprossen auf und erstickten es. Anderes aber fiel auf die gute Erde und gab Frucht: das eine hundert-, das andere sechzig-, das andere dreißigfach. Wer Ohren hat, der höre! Und die Jünger traten hinzu und sprachen zu ihm: Warum redest du in Gleichnissen zu ihnen? Er aber antwortete und sprach zu ihnen: Weil euch gegeben ist, die Geheimnisse des Reiches der Himmel zu wissen, jenen aber ist es nicht gegeben; denn wer hat, dem wird gegeben und überreichlich gewährt werden; wer aber nicht hat, von dem wird selbst, was er hat, genommen werden. Darum rede ich in Gleichnissen zu ihnen, weil sie sehend nicht sehen und hörend nicht hören noch verstehen; und es wird an ihnen die Weissagung Jesajas erfüllt, die lautet: ‚Mit Gehör werdet ihr hören und doch nicht verstehen, und sehend werdet ihr sehen und doch nicht wahrnehmen; denn das Herz dieses Volkes ist verstockt geworden, und mit den Ohren haben sie schwer gehört, und ihre Augen haben sie geschlossen, damit sie nicht etwa mit den Augen sehen und mit den Ohren hören und mit dem Herzen verstehen und sich bekehren und ich sie heile.‘“

Wird der Same auf den Weg gestreut, wird das Wort gehört, aber auch sehr schnell wieder geraubt. Wenn der Same zwischen die Felsen geworfen wird, kann er keine Wurzeln bilden. Es hat den Anschein von Tiefe und Wachstum, weil der Boden gut ist, aber er bleibt nur an der Oberfläche. Wenn der Same zwischen die Dornen fällt, wird er zwar aufgenommen, aber schon bald in den Sorgen, Reichtümern und Vergnügungen des

Lebens erstickt. Doch wenn der Same in gute Erde gesät wird, wächst er, schlägt Wurzeln und dein Leben bringt gute Frucht hervor.

Meine Warnung an dich ist: Geh nicht einfach *davon aus, dass du ein guter Boden bist.* Ich denke, die meisten Kirchgänger sind wie jener Boden, der den Samen durch all die Dornen erstickt. Dornen repräsentieren alles, was uns von Gott ablenkt. Wenn wir Gott und eine Menge anderer Dinge gleichzeitig begehren, dann bedeutet das, dass wir Dornen in unserem Boden haben. Eine Beziehung zu Gott kann einfach nicht wachsen, wenn Geld, Sünde, Aktivitäten, Lieblingsmannschaften, Abhängigkeiten oder andere Verbindlichkeiten darüber und obendrauf gestapelt werden.

Die meisten von uns haben ihr Leben zu vollgestopft. Wie David Goetz schreibt: „Zu viel Wohlleben führt dazu, uns zu vergiften und geistlich zu verunstalten."[6] Viele Dinge sind an sich gut, aber alle zusammen halten uns dennoch davon ab, ein gesundes, fruchtbringendes Leben für Gott zu führen.

Ich sage es noch einmal: *Gehe nicht einfach so davon aus, dass du ein guter Boden bist.* Hat deine Beziehung zu Gott tatsächlich auch deinen Lebensstil verändert? Siehst du Beweise für das Reich Gottes in deinem Leben? Oder erstickst du es langsam, weil du zu viel Zeit, Energie, Geld und zu viele Gedanken auf die Dinge dieser Welt verwendest? Bist du zufrieden damit, gerade so viel „gottesfürchtig" zu sein, um es in den Himmel zu „schaffen" oder im Vergleich mit anderen gut dazustehen? Oder kannst du mit Paulus sagen: „Um ihn zu erkennen und die Kraft seiner Auferstehung und die Gemeinschaft seiner Leiden, indem ich seinem Tod gleichförmig werde" (Philipper 3,10)?

Lange Zeit enthielt dieser Vers für mich einfach zu viel von Jesus. Meiner Meinung nach hätte dieser Vers nach dem Wort *Auferstehung* enden sollen. Dann hätte ich einen ansprechenden, beliebten Jesus, der nicht leiden musste. Und was ich so von anderen Christen dazu hörte, bestätigte mich darin, dass eine verkürzte Sicht dieses Verses eine ganz anerkannte

Auslegung zu sein schien. So hatte ich wenig Anlass mich auszustrecken, Christus in einer tieferen Weise kennenzulernen. Mir wurde von anderen attestiert, ich sei „fromm genug". Von der „Gemeinschaft seiner Leiden" las man, ohne es weiter auf sich zu beziehen.

Dennoch ging eine solche bequemlichkeitsorientierte Auslegung gegen alles, was ich dann in der Bibel las. Also sortierte ich allmählich das aus, was die Mehrheit mir sagte, und begann damit, alle Bereiche meines Lebens mit der Schrift zu vergleichen. Ich fand schnell heraus, dass die Gemeinde ein schwieriger Ort ist, wenn du ein neutestamentliches Christentum ausleben willst. Das Ziel des „Christentums" ist oftmals: eine gute Ehe, Kinder, die nicht fluchen, und regelmäßige Gottesdienstbesuche. Es wird selten ernsthaft in Betracht gezogen, die Worte Christi wörtlich zu nehmen. Das machen nur die „Radikalen", die „unausgewogen" sind und „den Bogen überspannen". Die meisten von uns wollen ein ausgewogenes Leben, das wir kontrollieren können, das sicher und komfortabel ist und vor allem kein Leiden beinhaltet.

Also: Würdest du dich selbst als echt verliebt in Jesus beschreiben? Oder passen die Worte *halbherzig*, *lauwarm* und nur *teilweise hingegeben* derzeit doch besser zu dir? Die Bibel sagt, wir sollen uns selbst prüfen, also ehrlich zu uns sein. Also werde ich euch auf den nächsten Seiten erst mal eine Beschreibung geben, wie so ein halbherziger, abgelenkter, teilweise hingegebener und lauwarmer Mensch aussehen kann. Ich ermutige dich, wenn du diese Beispiele liest, dein Leben einmal ehrlich zu durchforschen. Es geht nicht darum, wer du eines Tages sein willst, sondern wer du jetzt bist und wie du heute lebst.

Lauwarme Menschen gehen regelmäßig zur Gemeinde. Das wird von ihnen erwartet, das machen „gute Christen" so, also gehen sie. Gott sagt in Jesaja 29,13: „Weil sich dieses Volk mit seinem Mund mir naht und mich mit seinen Lippen ehrt, während es doch sein Herz fern von mir hält und ihre Furcht vor mir nur angelerntes Menschengebot ist."

Lauwarme Menschen spenden an Wohlfahrtseinrichtungen und an die Gemeinde … solange es sich nicht auf ihren Lebensstandard auswirkt. Wenn sie ein wenig übrig haben und es leicht fällt zu geben, dann tun sie es. Schließlich liebt Gott doch einen fröhlichen Geber, oder nicht? „Aber König David sagte zu Ornan: Nein, sondern ich will es um den vollen Geldwert kaufen! Denn ich will nicht für den Herrn nehmen, was dir gehört, und umsonst Brandopfer bringen!" (1. Chronik 21,24). „Als er [Jesus] aber aufblickte, sah er, wie die Reichen ihre Gaben in den Opferkasten legten. Er sah aber auch eine arme Witwe, die legte dort zwei Scherflein ein; und er sprach: Wahrlich, ich sage euch: Diese arme Witwe hat mehr eingelegt als alle! Denn diese alle haben von ihrem Überfluss zu den Opfergaben für Gott beigetragen; sie aber hat aus ihrer Armut heraus alles eingelegt, was sie zum Lebensunterhalt besaß" (Lukas 21,1-4).

Wenn *lauwarme Menschen* in Konflikte geraten, neigen sie in der Regel dazu, das zu wählen, was gerade angesagt ist, anstatt dazu, was vielleicht richtig ist. Sie wünschen sich, in beides zu passen, in die Gemeinde *und* in die Welt. Sie machen sich mehr Sorgen darüber, was die Menschen über ihr Verhalten denken (wie Gemeindebesuche oder Spenden), als über das, was Gott über ihr Herz und ihr Leben denkt: „Wehe, wenn alle Menschen wohl von euch reden, denn ebenso taten ihre Väter den falschen Propheten" (Lukas 6,26). „Ich kenne deine Werke: Du hast den Namen, dass du lebst, und bist doch tot" (Offenbarung 3,1). „Alle ihre Werke tun sie aber, um von den Leuten gesehen zu werden. Sie machen nämlich ihre Gebetsriemen breit und die Säume an ihren Gewändern groß und sie lieben den obersten Platz bei den Mahlzeiten und die ersten Sitze in den Synagogen und die Begrüßungen auf den Märkten und wenn sie von den Menschen ‚Rabbi, Rabbi' genannt werden" (Matthäus 23,5-7).

Lauwarme Menschen wollen eigentlich nicht von ihrer Sünde befreit werden. Sie wollen lediglich der Strafe für ihre Sünden entgehen. Sie hassen die Sünde nicht ernstlich und bereuen sie auch nicht wirklich. Es tut ihnen nur deshalb leid, weil Gott sie dafür bestrafen wird. Lauwarme Menschen glauben nicht ernsthaft daran, dass das neue Leben, das Jesus ihnen anbietet, besser ist als ihr sündhaftes altes: „Ich bin gekommen, damit sie das Leben haben und es im Überfluss haben" (Johannes 10,10.) „Was sollen wir nun sagen? Sollten wir in der Sünde verharren, damit das Maß der Gnade voll werde? Das sei ferne! Wie sollten wir, die wir der Sünde gestorben sind, noch in ihr leben?" (Römer 6,1-2).

Lauwarme Menschen sind bewegt von Geschichten über andere, die radikale Dinge für Christus tun, aber trotzdem handeln sie nicht. Sie denken, solche Aktionen sind für die „extremen" Christen, nicht für die durchschnittlichen. Lauwarme Menschen bezeichnen das als „radikal", was Jesus eigentlich von allen seinen Nachfolgern erwartet: „Seid aber Täter des Wortes und nicht bloß Hörer, die sich selbst betrügen" (Jakobus 1,22). „Wer nun Gutes zu tun weiß, und es nicht tut, für den ist es Sünde" (Jakobus 4,17). „Was meint ihr aber? Ein Mensch hatte zwei Söhne. Und er ging zu dem ersten und sprach: Mein Sohn, mache dich auf und arbeite heute in meinem Weinberg! Der aber antwortete und sprach: Ich will nicht! Danach aber reute es ihn, und er ging. Und er ging zu dem zweiten und sagte dasselbe. Da antwortete dieser und sprach: Ich (gehe), Herr! und ging nicht. Wer von diesen beiden hat den Willen des Vaters getan? Sie sprachen zu ihm: der erste" (Matthäus 21,28-31).

Lauwarme Menschen sprechen selten mit ihren Nachbarn, Arbeitskollegen oder Freunden über ihren Glauben. Sie wollen nicht abgelehnt werden, und sie möchten auch nicht, dass der andere sich unwohl fühlt, wenn man über so private Angelegenheiten wie Religionszugehörigkeit spricht: „Jeder nun, der sich zu mir bekennt vor den Menschen, zu dem werde auch ich mich bekennen vor meinem Vater im Himmel; wer mich aber verleugnet vor den Menschen, den werde auch ich verleugnen vor meinem Vater im Himmel" (Matthäus 10,32-33).

Der lauwarme Mensch beurteilt seine Moral oder „Gutheit", indem er sich mit der Welt vergleicht. Er ist ganz zufrieden, dass er nicht so ein Hardliner für Jesus ist wie bestimmte, ihm bekannte Gläubige, aber auch dass er weit davon entfernt ist, so schrecklich zu sein wie dieser Typ, der ein paar Häuser weiter wohnt: „Der Pharisäer stellte sich hin und betete bei sich selbst so: O Gott, ich danke dir, dass ich nicht bin wie die übrigen der Menschen, Räuber, Ungerechte, Ehebrecher oder auch wie dieser Zöllner da. Ich faste zweimal in der Woche, und gebe den Zehnten von allem, was ich einnehme!" (Lukas 18,11-12).

Der lauwarme Mensch sagt, dass er Jesus liebt, und er ist auch tatsächlich Teil seines Lebens. Aber eben nur ein Teil. Er gibt ihm einen Teil seiner Zeit, seines Geldes und seiner Gedanken, aber er gestattet Jesus nicht, sein Leben zu kontrollieren: „Es geschah aber, als sie ihre Reise fortsetzten, da sprach einer auf dem Weg zu ihm: Herr, ich will dir nachfolgen, wohin du auch gehst! Und Jesus sprach zu ihm: Die Füchse haben Gruben und die Vögel des Himmels haben Nester; aber der Sohn des Menschen hat nichts, wo er sein Haupt hinlegen kann. Er sagte aber zu einem anderen: Folge mir nach! Der sprach: Herr, erlaube mir, zuvor hinzugehen und meinen Vater zu begraben! Jesus aber sprach zu ihm: Lass die Toten ihre Toten begraben; du aber geh hin und verkündige das Reich Gottes! Es sprach aber auch ein anderer: Herr, ich will dir nachfolgen; zuvor aber erlaube mir, von denen, die in meinem Hause sind, Abschied zu nehmen! Jesus aber sprach zu ihm: Niemand, der seine Hand an den Pflug legt und zurückblickt, ist tauglich für das Reich Gottes" (Lukas 9,57-62).

Der lauwarme Mensch liebt Gott, aber *nicht von ganzem Herzen*, von ganzer Seele und mit aller seiner Kraft. Er wird dir schnell versichern, dass er versucht, Gott so zu lieben, aber diese Art von totaler Hingabe für den Durchschnittsmenschen einfach nicht möglich ist. Das ist nur was für Pastoren, Missionare und Radikale. „Und Jesus sprach zu ihm: ‚Du sollst den Herrn, deinen Gott, lieben mit deinem ganzen Herzen und mit deiner ganzen Seele und mit deinem ganzen Denken.‘ Das ist das erste und größte Gebot“ (Matthäus 22,37-38).

Der lauwarme Mensch liebt andere, aber er streckt sich nicht danach aus, sie so sehr zu lieben wie sich selbst. Seine Liebe für andere ist typischerweise auf die Menschen gerichtet, die ihn wiederlieben, wie etwa die Familie, Freunde und andere, die er kennt oder mit denen er in Verbindung steht. Da bleibt wenig übrig für die Menschen, die ihn nicht zurücklieben könnten, noch viel weniger für die, die ihn absichtlich beleidigen, oder deren Kinder bessere Sportler sind als seine, oder solche, mit denen der Umgang mühsam und unangenehm ist. Seine Liebe ist sehr bedingt und wählerisch und für gewöhnlich mit irgendwelchen Auflagen verbunden.

„Ihr habt gehört, dass gesagt ist: Du sollst deinen Nächsten lieben und deinen Feind hassen. Ich aber sage euch: Liebt eure Feinde, segnet, die euch fluchen, tut wohl denen, die euch hassen, und bittet für die, welche euch beleidigen und verfolgen, damit ihr Söhne eures Vaters im Himmel seid. Denn er lässt seine Sonne aufgehen über Böse und Gute und lässt es regnen über Gerechte und Ungerechte. Denn wenn ihr liebt, die euch lieben, was habt ihr für einen Lohn? Tun nicht auch die Zöllner dasselbe?“ (Matthäus 5,43-47). „Er sprach aber auch zu dem, der ihn eingeladen hatte: Wenn du ein Mittags- oder Abendmahl machst, so lade nicht deine Freunde, noch deine Brüder, noch deine Verwandten, noch reiche Nachbarn ein, damit nicht etwa auch sie dich wieder einladen und dir vergolten wird; sondern wenn du ein Gastmahl machst, so lade Arme, Krüppel, Lahme, Blinde ein, so wirst du glückselig sein; denn weil sie es dir nicht vergelten können, wird es dir vergolten werden bei der Auferstehung der Gerechten“ (Lukas 14,12-14).

Der lauwarme Mensch wird Gott und anderen Menschen dienen, aber es gibt gewisse Grenzen, wie weit er gehen wird oder wie viel Zeit, Geld und Kraft er zu geben bereit ist:

„Er aber sprach: Dies alles habe ich gehalten von meiner Jugend an. Als Jesus dies hörte, sprach er zu ihm: Eins fehlt dir noch: Verkaufe alles, was du hast, und verteile es an die Armen, so du wirst einen Schatz im Himmel haben, und komm, folge mir nach! Als er aber dies hörte, wurde er ganz traurig, denn er war sehr reich. Als aber Jesus ihn so sah, dass er ganz traurig geworden war, sprach er: Wie schwer werden die Reichen ins Reich Gottes hineinkommen! Denn es ist leichter, dass ein Kamel durch ein Nadelöhr geht, als dass ein Reicher in das Reich Gottes hineinkommt" (Lukas 18,21-25).

Der lauwarme Mensch denkt viel öfter über das Leben auf der Erde nach als über die Ewigkeit im Himmel. Das Alltagsleben ist meist auf die täglichen Aufgaben, den Wochenplan und den Urlaub im nächsten Monat ausgerichtet. Er denkt selten, wenn überhaupt, über das ewige Leben nach. C. S. Lewis schreibt dazu: „Aus der Geschichte wissen wir, dass gerade die Christen am meisten für das Diesseits taten, die sich auch am eingehendsten mit dem Jenseits befassten. (…) Erst seitdem die Christen weithin aufgehört haben, an das Jenseits zu denken, sind sie in dieser Welt so ohne Wirkung."[7]

„Denn viele wandeln, wie ich es euch oft gesagt habe und jetzt auch weinend sage, als Feinde des Kreuzes des Christus; ihr Ende ist das Verderben, ihr Gott ist der Bauch, sie rühmen sich ihrer Schande, sie sind irdisch gesinnt. Unser Bürgerrecht aber ist im Himmel, von woher wir auch den Herrn Jesus Christus erwarten als den Retter" (Philipper 3,18-19). „Trachtet nach dem, was droben ist, nicht nach dem, was auf Erden ist" (Kolosser 3,2).

Der lauwarme Mensch ist dankbar für seinen Luxus und Komfort, zieht aber selten in Betracht, so viel wie möglich davon den Armen zu geben. Schnell weisen sie darauf hin, dass „Jesus nie gesagt hat, Geld sei die Wurzel alles Bösen, sondern die *Geldgier*" (siehe 1. Timotheus 6,10).

Unzählige lauwarme Christen fühlen sich „berufen“, den Reichen zu dienen; nur sehr wenige fühlen sich zu den Armen „berufen“.

„Kommt her, ihr Gesegneten meines Vaters, und erbt das Reich, das euch bereitet ist seit Grundlegung der Welt! … Wahrlich, ich sage euch: Was ihr einem dieser meiner geringsten Brüder getan habt, habt ihr mir getan!“ (Matthäus 25,34+40). „Ist nicht das ein Fasten, an dem ich Gefallen habe: dass ihr ungerechte Fesseln losmacht, dass ihr die Knoten des Jochs löst, dass ihr die Unterdrückten freilasst und jedes Joch zerbrecht? Besteht es nicht darin, dass du dem Hungrigen dein Brot brichst und arme Verfolgte in dein Haus führst, dass, wenn du einen Entblößten siehst, dass du ihn bekleidest und dass du dich deinem eigenen Fleisch nicht entziehst?“ (Jesaja 58,6-7).

Der lauwarme Mensch setzt alles Mögliche daran, Schuldgefühle von sich fernzuhalten. Er erfüllt nur das absolute Mindestmaß, damit er „gut genug“ ist, ohne dass es ihm zu viel abverlangt. Er fragt: „Wie weit kann ich gehen, ohne dass es als Sünde gilt?“, anstelle von: „Wie kann ich mich als Tempel des Heiligen Geistes rein halten?“ Genau so fragt er: „Wie viel muss ich geben?“, anstatt: „Wie viel kann ich geben?“ Er fragt: „Wie viel Zeit sollte ich damit verbringen, zu beten und in meiner Bibel zu lesen?“, anstatt zu sagen: „Ich wünschte, ich müsste nicht zur Arbeit gehen, dann könnte ich sitzen bleiben und noch länger lesen!“

„Denn was bin ich, und was ist mein Volk, dass wir Kraft haben sollten, in solcher Weise freiwillig zu geben? Denn von dir kommt alles, und aus deiner eigenen Hand haben wir dir gegeben“ (1. Chronik 29,14). „Wiederum gleicht das Reich der Himmel einem verborgenen Schatz im Acker, den ein Mensch fand und verbarg; und vor Freude darüber geht er hin und verkauft alles, was er hat, und kauft jenen Acker. Wiederum gleicht das Reich der Himmel einem Kaufmann, der schöne Perlen suchte. Als er eine kostbare Perle fand, ging er hin, verkaufte alles, was er hatte, und kaufte sie“ (Matthäus 13,44-46).

Der lauwarme Mensch ist ständig darauf bedacht, auf Nummer sicher zu gehen; er ist ein Sklave eines Geistes an Kontrolle. Dieser Fokus auf ein sicheres Leben hält ihn davon ab, für Gott Opfer zu bringen oder ein Risiko einzugehen: „Den Reichen in der jetzigen Weltzeit gebiete, nicht hochmütig zu sein, auch nicht ihre Hoffnung auf die Unbeständigkeit des Reichtums zu setzen, sondern auf den lebendigen Gott, der uns alles reichlich zum Genuss darreicht. Sie sollen Gutes tun, reich werden an guten Werken, freigebig sein, bereit, mit anderen zu teilen" (1. Timotheus 6,17-18). „Und fürchtet euch nicht vor denen, die den Leib töten, die Seele aber nicht zu töten vermögen; fürchtet vielmehr den, der Seele und Leib verderben kann in der Hölle!" (Matthäus 10,28).

Der lauwarme Mensch fühlt sich sicher, weil er regelmäßig zur Gemeinde geht, mit zwölf Jahren ein Glaubensbekenntnis ablegte, getauft wurde, aus einer christlichen Familie stammt, die Konservativen wählt oder weil er in Amerika lebt. So wie die Propheten des Alten Testaments die Israeliten warnten, dass sie nicht sicher waren, nur weil sie im Lande Israel lebten, so sind auch wir nicht sicher, weil wir die Aufschrift „Christ" tragen, oder weil manche Leute darauf beharren, uns als eine „christliche Nation" zu bezeichnen: „Nicht jeder, der zu mir sagt: Herr, Herr! wird in das Reich der Himmel eingehen, sondern wer den Willen meines Vaters im Himmel tut" (Matthäus 7,21). „Wehe den Sorglosen in Zion und den Sicheren auf dem Berg von Samaria, den Vornehmsten des ersten der Völker" (Amos 6,1).

Der lauwarme Mensch lebt nicht im Glauben; sein Leben ist gut durchdacht, sodass er es gar nicht nötig hat. Er braucht nicht Gott zu vertrauen, wenn etwas Unerwartetes geschieht – er hat ja sein Sparbuch. Gott braucht ihm nicht zu helfen – er hat seinen Pensionsplan schon erstellt. Er versucht nicht ernsthaft herauszufinden, was Gott in seinem Leben vorhat – er hat sein Leben bereits ergründet und geplant. Er lebt nicht in einer täglichen Abhängigkeit von Gott – sein Kühlschrank ist gefüllt und meist befindet er sich bei guter Gesundheit. Die Wahrheit ist, dass sein Leben nicht viel anders aussehen würde, wenn er plötzlich aufhören würde, überhaupt noch an Gott zu glauben.

„Und er sagte ihnen ein Gleichnis und sprach: Das Feld eines reichen Menschen hatte viel Frucht getragen. Und er überlegte bei sich selbst und sprach: Was soll ich tun, da ich keinen Platz habe, wo ich meine Früchte aufspeichern kann? Und er sprach: Das will ich tun: Ich will meine Scheunen abbrechen und größere bauen und will darin alles, was mir gewachsen ist, und meine Güter aufspeichern und will zu meiner Seele sagen: Seele, du hast einen großen Vorrat auf viele Jahre; habe nun Ruhe, iss, trink und sei guten Mutes! Aber Gott sprach zu ihm: Du Narr! In dieser Nacht wird man deine Seele von dir fordern; und wem wird gehören, was du bereitet hast? So geht es dem, der für sich selbst Schätze sammelt und nicht reich ist für Gott!“ (Lukas 12,16-21, siehe auch Hebräer 11).

Der lauwarme Mensch trinkt und flucht wahrscheinlich weniger als der Durchschnitt, aber davon abgesehen ist er nicht viel anders als der typische Ungläubige. Er setzt sein teilweise gesäubertes Leben mit echter Heiligkeit gleich, dabei könnte sein Irrtum kaum größer sein: „Wehe euch, ihr Schriftgelehrten und Pharisäer, ihr Heuchler, dass ihr das Äußere des Bechers und der Schüssel reinigt, inwendig aber sind sie voller Raub und Unmäßigkeit! Du blinder Pharisäer, reinige zuerst das Inwendige des Bechers und der Schüssel, damit auch ihr Äußeres rein werde! Wehe euch, ihr Schriftgelehrten und Pharisäer, ihr Heuchler, dass ihr getünchten Gräbern gleicht, die äußerlich zwar schön scheinen, inwendig aber voller Totengebeine und aller Unreinheit sind! So erscheint auch ihr äußerlich vor den Menschen als gerecht, inwendig aber seid ihr voller Heuchelei und Gesetzlosigkeit“ (Matthäus 23,25-28).

Dieser Steckbrief eines lauwarmen Menschen ist keine allumfassende Beschreibung dessen, was es bedeutet, ein Christ zu sein, und er sollte auch nicht als Waffe benutzt werden, um die Errettung unserer Mitchristen zu beurteilen. Stattdessen ist es der Aufruf: „Prüft euch selbst, ob ihr im Glauben seid; stellt euch selbst auf die Probe!“, so wie es im 2. Korinther 13, Vers 5 steht.

Wir *alle* sind verkorkste menschliche Wesen, und keiner von uns ist völlig unempfänglich für die Verhaltensmuster, die in den vorigen Beispielen beschrieben sind. Es gibt jedoch einen Unterschied zwischen einem Leben, das gekennzeichnet ist von diesen Denkweisen und Gewohnheiten, und einem Leben, das dabei ist, radikal verändert zu werden. Zu dieser Veränderung kommen wir noch, jetzt ist es erst mal an der Zeit, eine ernsthafte Selbst-Inventur durchzuführen.

Als ich in der Highschool war, überlegte ich ernsthaft, den US Marines beizutreten. Das war zu der Zeit, als sie mit dem Motto warben: „die Wenigen, die Stolzen, die Marines“. Was mich abstieß war, dass in diesen Werbungen jeder immerzu am Laufen war. Immer. Und ich *hasse* Laufen.

Aber weißt du was? Ich machte mir nicht die Mühe, darum zu bitten, die Regeln für mich zu ändern, damit ich weniger laufen und vielleicht auch nicht so viele Liegestützen machen musste. Denn das wäre dumm und aussichtslos gewesen, und das wusste ich auch. Jeder weiß, wenn du dich bei den US Marines verpflichtest, musst du alles tun, was dir gesagt wird. Du gehörst ihnen.

Diese Erkenntnis überträgt sich irgendwie nicht auf unsere Vorstellung vom christlichen Leben. Jesus sagte nicht, wenn du ihm nachfolgen willst, dann kannst du das auch in ganz lauwarmer Weise machen. Er sagte: „Nimm dein Kreuz auf dich und folge mir nach“ (siehe Matthäus 16,24). Er sagte auch: „Oder welcher König, der ausziehen will, um mit einem anderen König Krieg zu führen, setzt sich nicht zuvor hin und berät, ob er imstande ist, mit Zehntausend dem zu begegnen, der mit Zwanzigtausend gegen ihn anrückt? Wenn aber nicht, so sendet er, solange jener noch fern ist, eine Gesandtschaft und bittet um die Friedensbedingungen. So kann auch keiner von euch mein Jünger sein, der nicht allem entsagt, was er hat“ (Lukas 14,31-33).

Jesus will alles von uns. Aber wir sind immer darauf aus, ihm weniger zu geben. Jesus sagt: „Das Salz ist gut; wenn aber das Salz fade wird, womit soll es gewürzt werden? Es ist weder für das Erdreich noch für den Dünger tauglich; man wirft es hinaus“ (Lukas 14,34-35). Jesus zieht hier nicht einfach nur einen niedlichen kleinen Vergleich. Er spricht alle an, die nicht bereit sind, alles zu geben, die ihm nicht den ganzen Weg folgen wollen. Er sagt, dass eine laue, halbherzige Nachfolge nutzlos ist und unsere Seele krank macht. Wenn Salz salzig ist, dann hilft es dem Dung, ein gutes Düngemittel zu werden …, aber ein lauer und unentschlossener Glaube ist vollkommen nutzlos. Er ist nicht einmal dem Dung von Nutzen.

KAPITEL 5

Glaube als Resterampe

Von allen Kapiteln dieses Buchs fiel mir das hier besonders schwer. Ich möchte nicht, dass meine Worte als streitlustig oder als harte Kost verstanden werden. Aber ich musste dieses Kapitel so formulieren, wie es jetzt ist, weil ich glaube, dass die Dinge, die ich hier anspreche, sehr wichtig sind. Und vor allem wahr.

Im Kapitel davor sprachen wir über verschiedene Reaktionen auf Gottes Liebe. Wir werden uns weitere Beispiele von schlechten Reaktionen auf das Geschenk der Liebe Gottes in der Schrift ansehen. Bevor du dem widersprichst oder ignorierst, was ich gleich sagen möchte, lies bitte die folgenden Abschnitte in einer sachlichen Haltung durch, ohne auf einer voreingenommenen und vielleicht festgefahrenen Meinung zu bestehen.

Meine Betrachtungen eines lauwarmen Christen in Kapitel 4 sind keinesfalls vollständig. Sie dienen jedoch als Aufruf, dein Herz angesichts dieser aufgeführten Punkte zu überprüfen. So wie ich es sehe, ist ein lauwarmer Christ ein Widerspruch in sich; so etwas gibt es nicht. Um es klar auszudrücken: Kirch- und Gemeindegänger, die „lauwarm" sind, sind keine Christen. Wir werden sie im Himmel nicht antreffen.

Jesus sagt in Offenbarung 3,15-18: „Ich kenne deine Werke, dass du weder kalt noch heiß bist. Ach, dass du kalt oder heiß wärst! Aber so, weil du lau bist und weder kalt noch heiß, werde ich dich ausspeien aus meinem Mund. Denn du sprichst: Ich bin reich und habe Überfluss und mir mangelt es an nichts! – und du erkennst nicht, dass du elend und erbärmlich bist, arm, blind und entblößt. Ich rate dir, von mir Gold zu kaufen, das im Feuer geläutert ist damit du reich wirst, und weiße Kleider, damit du dich bekleidest und die Schande deiner Blöße nicht offenbar wird; und salbe deine Augen mit Augensalbe, damit du sehen kannst."

Aus dieser Passage stammt unser heutiges Verständnis von lauwarm. Jesus sagt zu der Gemeinde, dass er sie aus seinem Mund ausspeien wird, weil sie lau ist. Man kann das Wort speien im Griechischen nicht schonender wiedergeben. Es wird nur einmal im Neuen Testament gebraucht, und bedeutet zugleich auch würgen und sich übergeben. Viele Leute lesen diesen Abschnitt und nehmen an, dass Jesus hier zu erretteten Menschen spricht. Warum?

Wenn du so was liest, meinst du, er spricht hier von einem Teil seines Reiches, das hier ausgespuckt werden soll? Glaubst du, mit Worten wie „elend, bemitleidenswert, arm, blind und bloß" beschreibt Jesus seine Heiligen? Wenn er ihnen rät, sich „weiße Kleider" zu kaufen, um „die Schande ihrer Blöße" zu bedecken – meint er damit wohl bereits errettete Menschen? – Ich dachte, Menschen, die errettet sind, wurden bereits durch das Blut Jesu gereinigt.

In einer früheren Fassung dieses Kapitels hatte ich mehrere Bibelkommentatoren zitiert, die mit meiner Auslegung übereinstimmten. Du kannst sogar eine Bibelarbeit absichtlich so gestalten, dass sie deine Meinung unterstützt. Ich bin nicht gegen ausgiebiges Studieren, aber ich glaube, dass es Zeiten gibt, in denen wir durch das einfache eigene Lesen des Wortes zu noch viel genaueren Schlussfolgerungen kommen, als durch alle noch so guten Meinungen darüber.

Also habe ich die letzten Tage damit verbracht, die Evangelien zu lesen. Und anstatt einzelne Verse genau zu untersuchen und aufzugliedern, entschied ich mich, jedes Mal ein Evangelium ganz durchzulesen. Des Weiteren versuchte ich, aus der Sicht eines Zwölfjährigen zu lesen, der nichts über Jesus wusste. Ich wollte wieder entdecken, zu welchen vernünftigen Schlussfolgerungen ein Mensch kommen würde, der völlig unvoreingenommen die Evangelien liest, als wäre es das erste Mal. Mit anderen Worten, ich las die Bibel so, als ob ich sie noch nie zuvor gelesen hätte.

Und zu welcher Schlussfolgerung kam ich? Der Ruf Jesu zur Hingabe ist klar: Er will alles oder nichts. Der Gedanke, dass eine Person sich selbst „Christ" nennt, ohne ein hingegebener Nachfolger Christi zu sein, ist unsinnig. – Aber bitte verlass dich nicht auf das, was ich sage. Lies selbst!

Jahrelang hatte ich zum Beispiel Mühe mit dem Gleichnis vom Sämann: Ich wollte wissen, ob der Mensch, der den steinigen Boden darstellte, errettet ist, auch wenn er keine Wurzel hat. Und dann machte ich mir Gedanken über den dornigen Boden: Ist dieser Mensch errettet? Denn er hat ja eine Wurzel!

Ich bezweifle, dass zur Zeit Jesu überhaupt jemand auf solche Gedanken kam! Ist die Vorstellung eines fruchtlosen Christen etwas, das wir ausgeheckt haben, um das Christentum zu erleichtern? Damit wir unseren eigenen Weg verfolgen können, während wir uns immer noch als

Nachfolger Christi bezeichnen? Damit wir uns sozusagen den US Marines anschließen können, ohne jedoch dem ganzen Drill nachkommen zu müssen?

Jesus hatte in diesem Gleichnis die Absicht, den einzig guten Boden denen gegenüber abzugrenzen, die keine legitimen Alternativen sind. Für ihn gab es nur diese eine Möglichkeit, ein echter Gläubiger zu sein. Seien wir ehrlich – wir sind nur dann bereit, unser Leben zu ändern, wenn wir denken, dass unsere Erlösung auf dem Spiel steht. Deshalb stellen mir viele Leute Fragen wie diese: Kann ich mich von meiner Frau scheiden lassen und trotzdem in den Himmel kommen? Muss ich getauft sein, damit ich errettet bin? Bin ich ein Christ, obwohl ich mit meiner Freundin schlafe? Wenn ich Selbstmord begehe, komme ich dann trotzdem in den Himmel? Wenn ich mich schäme, über Christus zu sprechen, wird er dann mal wirklich leugnen, mich zu kennen?

Für mich verraten solche Fragen recht gut den Zustand unseres Herzens, fast schon auf tragische Weise. Sie zeigen, dass wir mehr besorgt sind darüber, in den Himmel zu kommen, als Jesus, unseren König, zu lieben. Jesus sagte: „Liebt ihr mich, so haltet meine Gebote!“ (Johannes 14,15). Und schnell wird aus unserer Frage eine andere, die noch undenkbarer ist: *Kann ich vielleicht doch in den Himmel kommen, ohne Jesus wahrhaftig und treu zu lieben?*

Ich finde nirgendwo in der Schrift einen Hinweis darauf, dass die Antwort auf diese Frage ein Ja sein könnte. In Jakobus 2, Vers 19 heißt es: „Du glaubst, dass es nur einen Gott gibt? Du tust wohl daran! Auch die Dämonen glauben es – und zittern!“ Gott will nicht, dass wir einfach nur eine gute theologische Meinung haben. *Er will, dass wir ihn erkennen und lieben.* In 1. Johannes 2, Verse 3-4 steht: „Und daran erkennen wir, dass wir ihn erkannt haben, wenn wir seine Gebote halten. Wer sagt: ‚Ich habe ihn erkannt‘, und hält doch seine Gebote nicht, der ist ein Lügner, und in einem solchen ist die Wahrheit nicht.“

Halte mich bitte nicht für durchgedreht, aber ich denke, diese Verse bedeuten genau das: Wenn eine Person behauptet, Gott erkannt zu haben, aber nicht seinen Geboten gehorcht, dann ist er ein Lügner und die Wahrheit ist tatsächlich nicht in ihm. In Matthäus 16, Verse 24-25 sagt Jesus: „Wenn jemand mir nachkommen will, so verleugne er sich selbst und nehme sein Kreuz auf sich und folge mir nach! Denn wer sein Leben retten will, der wird es verlieren; wer aber sein Leben verliert um meinetwillen, der wird es finden." Und in Lukas 14, Vers 33 sagt er: „So kann auch keiner von euch mein Jünger sein, der nicht allem entsagt, was er hat."

Manche Leute behaupten, dass man Christ sein kann, ohne zwangsläufig auch ein Jünger zu werden. Dann frage ich mich, warum das Letzte, das Jesus uns sagte, war, dass seine Jünger in die ganze Welt gehen sollen, *alle* Nationen zu *Jüngern* zu machen und sie zu lehren, alles *zu halten*, was er geboten hatte? Ihr bemerkt sicher, dass er nicht hinzufügte: „Aber weißt du was, wenn das zu viel verlangt ist, dann sagt ihnen, sie sollen einfach Christen werden – du weißt schon, das sind die Leute, die in den Himmel kommen, ohne sich für irgendetwas verpflichten zu müssen."

Bete darüber. Und dann lies selbst die Evangelien. Lege dieses Buch beiseite und nimm eine Bibel zur Hand. Mein Gebet für dich ist, dass du die Schrift nicht so verstehst, wie ich sie vielleicht sehe, sondern so, wie Gott es möchte.

Ich möchte nicht, dass wahre Gläubige ihre Errettung anzweifeln, wenn sie dieses Buch lesen. Denn trotz all unserer misslungenen und unvollkommenen Versuche, Jesus zu lieben, bedeckt uns seine *Gnade!*

Jeder von uns hat laue Anteile und Handlungsweisen in seinem Leben, darin liegt die Gnade des Ganzen, die so widersinnig und verschwenderisch ist. Die Heilige Schrift zeigt uns ganz klar auf, dass es inmitten unseres Strebens nach Gott Raum gibt für unser Versagen und unsere Sünde. Seine Gnade *ist* jeden Morgen neu (siehe Klagelieder 3), seine Gnade allein genügt (siehe 2. Korinther 12,9). Ich sage *nicht*, dass du von Anfang an kein echter Christ warst, wenn du es mal verhaust. Wenn das so wäre, dann könnte niemand Christus nachfolgen.

Der Unterschied besteht im Streben nach Vollkommenheit (die niemand hier auf der Erde erreichen wird) und der Haltung des Gehorsams und der Hingabe, in der ein Mensch Christus beständig näherkommt. Man wiegt die Unerretteten in falscher Sicherheit, wenn man sie Christen nennt, nur weil sie irgendwelche „christlichen" Dinge tun. Aber man verleugnet andererseits die Realität und Wahrheit der Gnade Gottes, wenn man jeden, der sündigt, gleich als „unerrettet" bezeichnen würde.

In anderen Querverweisen der Schrift (Kolosser 2,1; 4,13,15-16) schien die Gemeinde in Laodizea eine gesunde und glaubwürdige Gemeinde zu sein. Aber irgendetwas geschah. Zu der Zeit, als die Offenbarung geschrieben wurde, etwa fünfundzwanzig Jahre nach dem Brief an die Kolosser, gehörte das Herz der Laodizäer offensichtlich nicht mehr Gott – trotz der Tatsache, dass sie als Gemeinde noch aktiv waren. Ihre Gemeinde gedieh, und sie hatten anscheinend auch keine Verfolgung. – Sie waren bequem und stolz geworden – kommt dir das bekannt vor?

Arme reiche Leute

Ronnie, ein blinder Junge, der in Ostuganda lebt, ist etwas ganz Besonderes, und zwar nicht wegen seiner Lebensumstände oder der Tatsache, dass er blind ist, sondern wegen seiner Liebe zu Jesus. Wenn du Ronnie triffst, dann sind das die ersten Worte, die du von ihm hörst: „Ich liebe Jesus so sehr und ich singe ihm jeden Tag Loblieder!"

Zu Ronnies besten Freunden gehört ein taubes Mädchen. Was bei den beiden auffällt, ist nicht, dass sie behindert oder sehr arm sind, sondern dass sie vollkommen zufrieden und offensichtlich verliebt in Jesus sind. Sie besitzen sehr wenig von den Dingen, die in unserer Gesellschaft „wichtig" sind, aber sie haben das, worauf es am meisten ankommt. Sie kamen in ihrer höchsten Not zu Gott, und sie fanden wahre Freude.

Wir fühlen uns nicht bedürftig, weil wir normalerweise nicht wegen Unterkunft, Essen oder Geld für unsere nächste Mahlzeit von Gott abhängig sind. Eigentlich betrachten wir uns im Allgemeinen als recht unabhängig und tüchtig. Selbst wenn wir nicht reich sind, geht es uns doch „ganz gut". Wenn einhundert Menschen die Weltbevölkerung verkörperten, dann würden dreiundfünfzig von ihnen von weniger als 1,50 Euro am Tag leben. Ist dir bewusst, wenn du 3.000 Euro im Monat verdienst, dann verdienst du etwa einhundert Mal so viel wie der Durchschnittsmensch auf diesem Planeten? Durch den einfachen Kauf dieses Buchs gibst du so viel Geld aus, wie die meisten Menschen auf der Welt in einer Woche verdienen.

Was ist wohl krasser? Dass wir – im Vergleich zu allen anderen – so viel besitzen, oder dass wir denken, wir wären nicht reich? Oder dass wir uns leichtfertig als „pleite" oder „arm" bezeichnen? Wir sind nichts dergleichen. Wir sind reich. Stinkreich.

Robert Murray M'Cheyne war ein schottischer Pastor, der im Alter von neunundzwanzig Jahren starb. Obwohl er in der ersten Hälfte des neunzehnten Jahrhunderts lebte, sind seine Worte heute noch erstaunlich zutreffend: „Ich sorge mich um die Armen, aber noch mehr um dich. Ich weiß nicht, was Christus am letzten Tag zu dir sagen wird … Ich fürchte, viele, die mich hören, wissen sehr wohl, dass sie keine Christen sind, weil sie nicht gerne geben. Um viel und großzügig geben zu können, also überhaupt nicht widerwillig, braucht man ein neues Herz. Ein unerneuertes Herz würde sich eher von seinem Lebensblut trennen als von seinem Geld. Oh, meine Freunde! Genießt euer Geld. Macht das Beste daraus, gebt nichts davon weg. Genießt es schnell, denn ich kann euch sagen: In der Ewigkeit werdet ihr Bettler sein.“[8]

Fakt ist, ob wir das wahrhaben wollen oder nicht: Reich zu sein ist ein ernsthafter geistlicher Nachteil. William Wilberforce sagte einmal: „Wohlstand verhärtet das Herz.“ Als Jesus mit einem reichen Mann sprach, der in den Himmel kommen wollte (beschreibt das nicht die meisten von uns?), sagte er: „Verkaufe alles, was du hast, und verteile es an die Armen, so wirst du einen Schatz im Himmel haben, und komm, folge mir nach! Als er aber dies hörte, wurde er ganz traurig; denn er war sehr reich. Als aber Jesus ihn so sah, dass er sehr traurig geworden war, sprach er: Wie schwer werden die Reichen ins Reich Gottes hineinkommen!“ (Lukas 18,22-24). Er sagt, es ist genauso schwer wie für ein Kamel, durch ein Nadelöhr zu gehen – mit anderen Worten: unmöglich. Aber dann bietet uns Jesus die hoffnungsvollen Worte an: „Was bei den Menschen unmöglich ist, das ist bei Gott möglich“ (Lukas 18,27).

Gleich im nächsten Kapitel, als Jesus nach Jericho kommt, sehen wir, wie das Unmögliche bei Gott möglich wird. Denn dort gibt der wohlhabende Zöllner Zachäus die Hälfte seines Geldes den Armen und zahlt jedem, den er übervorteilt hat, das Vierfache zurück. Jesus verkündet: „Heute ist diesem Haus Heil widerfahren“ (Lukas 19, 9). An diesem Tag geschah das Unmögliche – ein reicher Mann wurde errettet!

Wenn man Gott die Reste anbietet

Gott möchte unser Bestes, verdient unser Bestes und verlangt unser Bestes. Von Anbeginn der Zeit an stellte er klar, dass manche Opfer angenehm vor ihm waren und manche nicht. Frag doch mal Kain, denn „sein Opfer sah er nicht an" (siehe 1. Mose 4,5).

Jahrelang gab ich Gott meine Reste und schämte mich nicht dafür. Anstatt auf die Schrift zu achten, verglich ich mich einfach mit anderen. An den Knochen, die ich Gott hinwarf, war noch mehr Fleisch als an den Knochen, die andere hinwarfen, also dachte ich, alles wäre in Ordnung. Im Englischen gibt es dafür diesen schönen Begriff der „Left-overs" – des Übriggebliebenens.

Es ist so leicht, uns mit anderen Dingen zu füllen, und dann Gott das zu geben, was übrig ist. In Hosea 13, Vers 6 heißt es: „Als sie aber Weide fanden, wurden sie satt; und als sie satt wurden, überhob sich ihr Herz; darum vergaßen sie mich." Gott bekommt einen Happen oder auch zwei, weil wir uns schuldig fühlen, wenn wir ihm nichts geben. Ein gemurmeltes Dreiminutengebet am Ende des Tages, wenn wir schon fast eingeschlafen sind. Ein zerknüllter Fünfeuroschein, den wir hinterher noch schnell in die Kollekte für die Armen werfen. Fang, Gott!

„Auch wenn ihr ein blindes Tier zum Opfer bringt zu schlachten, ist das nichts Böses; und wenn ihr ein lahmes oder krankes darbringt, ist das auch nichts Böses? Bringe es doch deinem Statthalter! Wird er Wohlgefallen an dir haben oder dich freundlich beachten?" (Maleachi 1,8) Die Priester zu Maleachis Zeiten dachten, ihre Opfer wären ausreichend. Sie hatten makellose Tiere, beschlossen aber, diese für sich zu behalten und Gott die weniger erwünschten Tiere zu geben. Sie gingen davon aus, dass Gott zufrieden war, weil sie *überhaupt etwas* geopfert hatten. Gott bezeichnet ihr Verhalten als Sünde.

Überreste sind nicht einfach nur unangemessen. Aus Gottes Sicht (und falls wir es vergessen haben: Er ist alles, was zählt) sind sie *übel.* Hören wir doch auf damit, es als „voller Terminkalender", „Rechnungen" oder „Vergesslichkeit" zu bezeichnen. Es nennt sich „Sünde". – Gott ist heilig. Im Himmel gibt es ein Wesen, das entscheidet, ob ich noch einen weiteren Atemzug mache oder nicht. Dieser heilige Gott verdient jedes nur denkbare Entgegenkommen, das Allerbeste, das ich besitze. „Aber ein wenig ist besser als gar nichts!", widersprechen manche. Wirklich, ist das so? Wer freut sich schon über Anbetungsfloskeln? Ich sicherlich nicht. Es ist mir lieber, du sagst gar nichts, als mich aus einem Pflichtbewusstsein oder Schuldgefühl oder lauter Höflichkeit heraus zu loben. Warum denken wir nur, Gott wäre da anders?

Nur zwei Verse weiter sagt Gott in Maleachi: „Es soll doch lieber gleich jemand von euch die Türen (des Tempels) schließen, damit ihr nicht vergeblich mein Altarfeuer anzündet! Ich habe kein Wohlgefallen an euch … und die Opfergabe, die von euren Händen kommt, gefällt mir nicht" (Maleachi 1,10). Gott wollte die Tore des Tempels schließen. Die schwachen Opfergaben der nachlässigen Priester waren für ihn eine Beleidigung. Er sagte, keine Anbetung sei besser als gleichgültige Anbetung. Ich frage mich, wie viele Kirchen- und Gemeindetüren Gott heute schließen würde.

Die Aufforderung von Jesus an die Menschen der Gemeinde in Laodizea lautete, von ihm die Dinge zu „kaufen", auf die es wirklich ankommt – und sie hatten nicht einmal erkannt, dass sie diese Dinge brauchten. Sie waren wohlhabend, aber Jesus forderte sie auf, ihren Besitz gegen sein Gold, das im Feuer geläutert ist, einzutauschen. Sie hatten Kleidung, aber Jesus riet ihnen, Kleider zu kaufen, die wirklich weiß waren und ihre Nacktheit bedecken würden. Es fehlte ihnen an nichts, aber Jesus sagte, dass sie Augensalbe benötigten, um ihre Blindheit zu heilen. Er ersuchte

sie, alles aufzugeben, was sie als so notwendig und wertvoll erachteten, und gegen das einzutauschen, was wirklich wichtig war.
Mark Buchanan schreibt: „Körperliche Krankheiten bekämpfen wir normalerweise. Mit seelischen Krankheiten finden wir uns meistens ab."[9] Die Menschen in Laodizea erkannten nicht, oder wollten nicht erkennen, wie krank ihre Seelen waren und dass sie unbedingt das brauchten, was Christus ihnen anbot. Wie Tim Kizziar sagte: „Unsere größte Furcht als einzelner Mensch und als Gemeinde sollte nicht die Angst vor Versagen sein, sondern die Angst vor Erfolg in den Bereichen des Lebens, die eigentlich nicht wichtig sind."

Vor Kurzem sah ich eine Tüte Kartoffelchips, die auf der Vorderseite mit der auffälligen Aufschrift versehen war: „Null Gramm Fett aus Transfettsäuren." Ich freute mich darüber, dass ich keine gehärteten Fettsäuren verzehren würde, denn es ist wissenschaftlich erwiesen, dass sie schädlich für die Gesundheit sind. Dann drehte ich die Packung um und las die Zutatenliste, auf der künstliche Farbstoffe wie E 102 (gelb) und teilweise gehärtete Fette aufgeführt waren (das ist dasselbe wie Transfettsäuren, nur der Anteil darin ist klein genug, um es rechtmäßig als „Null Gramm" ausweisen zu können). Ich fand das unbeschreiblich hinterhältig, dass für diese Chips in einer Weise geworben wurde, die mich in dem Glauben ließ, sie wären nicht schädlich, während sie in Wahrheit doch voller gehaltloser Kalorien, eigenartiger Chemikalien und – ironischerweise – sogar Transfettsäuren sind.

Plötzlich wurde mir klar, dass viele Christen ihre „Ohne Transfettsäure"-Schilder überall herumzeigen und versuchen, jeden davon zu überzeugen, wie gesund und gut sie doch leben. Doch ihr Glaube besitzt keine wesentlichen und gesunden Grundlagen. Es ist wie bei den Leuten in Laodizea, die dachten, sie hätten alles, bis Christus ihnen sagte, dass sie arm und bemitleidenswert waren. Sie waren völlig damit beschäftigt, zu verkünden: „Seht, wir haben keine Transfettsäuren. Wir sind wohlhabend, wir haben eine gute Gemeinschaft und gehen jede Woche in die Kirche.“ Offensichtlich zählt nicht, was du anpreist, sondern was wirklich in dir ist.

Eine einfache Wahrheit: Liebe

Gottes Beschreibung der Dinge, die wirklich zählen, ist ziemlich unkompliziert. Er beurteilt unser Leben nach unserer Liebe. In unserer Kultur kann ein Pastor auch dann als erfolgreich angesehen werden, wenn er Menschen eigentlich gar nicht liebt – solange er nur ein begabter Sprecher ist, seine Versammlung zum Lachen bringt oder jeden Sonntag für „all die armen, Not leidenden Menschen in der Welt“ betet.

Aber Paulus schreibt in 1. Korinther 13, Verse 2-3: „Und wenn ich allen Glauben besäße, sodass ich Berge versetzte, aber keine Liebe hätte, so wäre ich nichts. Und wenn ich alle meine Habe austeilte und meinen Leib hingäbe, damit ich verbrannt würde, aber keine Liebe hätte, so nützte es mir nichts.“ Das sind starke und unmissverständliche Worte. Gottes Worten zufolge sind wir hier, um zu lieben. Alles andere ist nicht von Bedeutung.

Gott bewertet unser Leben also anhand unserer Liebe. Aber dieses Wort Liebe ist sehr überbeansprucht und abgegriffen. Was meint Gott mit Liebe? Er sagt uns: „Die Liebe ist langmütig und gütig, die Liebe beneidet nicht, die Liebe prahlt nicht, sie bläht sich nicht auf; sie ist nicht unanständig, sie sucht nicht das Ihre, sie lässt sich nicht erbittern, sie rechnet das Böse nicht zu; sie freut sich nicht an der Ungerechtigkeit, sie freut sich aber an der Wahrheit; sie erträgt alles, sie glaubt alles, sie hofft alles, sie erduldet alles. Die Liebe hört niemals auf … Nun aber bleiben

Glaube, Hoffnung, Liebe, diese drei; die größte aber von diesen ist die Liebe“ (1. Korinther 13,4-8+13).
Aber auch Bibelworte wie diese sind nur allzu vertraut und wir sind ihrer überdrüssig geworden, nicht wahr? Ich fühlte mich herausgefordert, ein wenig mit diesen Worten zu experimentieren. Und das war zutiefst überführend. Nimm einmal die Aussage: *Liebe ist langmütig,* und ersetze das Wort *Liebe* mit deinem Namen (bei mir heißt es dann: „Francis ist langmütig …“). Mach das mit jedem Satzteil dieses Abschnittes.

Fühlst du dich am Schluss nicht fast wie ein Lügner? Wenn ich das verkörpern soll, was Liebe wirklich ist, dann versage ich oft darin, die Menschen aufrichtig zu lieben. Man kann Christus nicht halbherzig oder so nebenbei nachfolgen. Die Nachfolge ist kein Aushängeschild, das wir zur Schau stellen können, wenn es nützlich ist. Sie muss in allem, was wir tun und sind, der Dreh- und Angelpunkt sein. Wenn das Leben ein Fluss ist, dann ist es nötig, stromaufwärts zu schwimmen, um Christus nachzufolgen. Wenn wir aufhören, zu schwimmen oder ihm aktiv nachzufolgen, treiben wir automatisch wieder stromabwärts.

Hier ist noch ein anderes Gleichnis, das für Stadtmenschen verständlicher ist: Stell dir vor, wir sind auf einer endlosen, abwärts fahrenden Rolltreppe. Um zu wachsen, müssen wir uns umdrehen und die Rolltreppe hinaufspurten und uns die verstörten Blicke all der Menschen gefallen lassen, die sich weiter abwärts bewegen. – Ich glaube, dass die meisten Kirchgänger sich langsam von Christus weg bewegen, auch wenn sie nicht bewusst stromabwärts schwimmen. Es ist keine bewusste Entscheidung, aber es geschieht dennoch, weil in ihrem Leben sehr wenig passiert, das sie näher zu Christus treibt.

Möglicherweise klingt das so, als ob ich glaubte, man müsste sich seinen Weg zu Christus erarbeiten. Das tue ich nicht. Ich glaube absolut, dass wir nur aus Gnade errettet sind, durch Glauben, durch die Gabe Gottes, und dass der wahre Glaube sich in unseren Handlungen erweist.

Wie Jakobus schreibt: „So ist es auch mit dem Glauben: Wenn er keine Werke hat, so ist er an sich und für sich tot" (Jakobus 2,17). Im Leben vieler Menschen, die sich „Christen" nennen, fehlt es einfach an Beweisen eines aktiven und lebendigen Glaubens. Und um ganz ehrlich zu sein, macht mir das Angst. Es hält mich nachts wach. Es lässt mich verzweifelt und intensiv beten für meine Gemeinde, für die Menschen, zu denen ich spreche, und für den Leib Christi insgesamt.

Henri Nouwen schreibt in seinem Buch *Mit offenen Händen:* „Es ist schwer, mit Menschen Geduld zu haben, die die ganze Zeit nur stillstehen, mutlos sind und ihr Glück in kleinen Vergnügungen suchen, an denen sie so festhalten ... All diese Maßlosigkeit und Selbstgefälligkeit macht mich traurig, weil ich mit einer unerschütterlichen Sicherheit weiß, dass es noch etwas Größeres gibt ..."[10] Oder wie es in Lukas 9, Vers 25 heißt: „Denn was hilft es einem Menschen, wenn er die ganze Welt gewinnt, aber sich selbst verliert oder schädigt?"

Wie viele von uns würden tatsächlich unsere Familien verlassen, unsere Arbeitsstelle, unsere Bildung, unsere Freunde, unsere Bekanntschaften, unsere familiäre Umgebung und unser Zuhause, wenn Jesus es von uns forderte? Wenn er einfach auftauchen und ganz schlicht zu dir sagen würde: „Folge mir nach"? Ohne Erklärung. Ohne Anweisungen.

Du könntest ihm geradewegs auf einen Hügel folgen, um dort vielleicht als Nächstes gekreuzigt zu werden. Vielleicht führt er dich in ein anderes Land und du siehst deine Familie nie wieder. Oder du bleibst, wo du bist, und er bittet dich, deine Zeit mit Menschen zu verbringen, die dich für das, was du aufgegeben hast, niemals wiederlieben oder sich dafür dankbar erweisen werden.

Denke einmal genau darüber nach – hast du das jemals getan? Oder war deine Entscheidung, Jesus nachzufolgen, leichtfertig und nur auf Gefühlen und Empfindungen gegründet, ohne die Kosten zu überschlagen? Am meisten erschrecken mich die Menschen, die lau und einfach nur gleichgültig sind. Ich glaube, wenn ich unter den Lesern dieses Buchs eine Meinungsumfrage durchführen könnte, würden die meisten sagen: „Nun, bestimmt bin ich manchmal lauwarm, aber ich bin auch nicht wirklich an dem Punkt, Gott mehr zu geben."

Viele von uns glauben, dass wir genau so viel von Gott in unserem Leben haben, wie wir gerade brauchen. Also eine angemessene Portion „von Gott" unter all den anderen Bereichen unseres Lebens. Die meisten unserer Gedanken drehen sich um das Geld, das wir verdienen wollen, um die Schule, die wir besuchen wollen, um das Aussehen, das wir gerne hätten, um den passenden Ehepartner, um die Art Person, die wir werden möchten … Aber Tatsache ist, dass uns *nichts* mehr beschäftigen sollte: als unsere Beziehung zu Gott! Es geht um die Ewigkeit, und nichts ist damit zu vergleichen! Gott ist nicht jemand, den wir einfach so an unser Leben anheften können.

Erinnerst du dich an die Visionen, die Johannes und Jesaja vom Thronsaal Gottes hatten? Erinnerst du dich an die Bilder von den Galaxien und daran, wie überaus winzig wir im Vergleich dazu sind? Erinnerst du dich an die Vielseitigkeit Gottes, die wir in den Tausenden Baumarten des Regenwaldes finden können? Und wir sagen zum Schöpfer all dieser Großartigkeit und Majestät: „Nun, ich bin mir nicht sicher, ob du es wert bist … Weißt du, ich finde mein Auto richtig gut, und ich mag auch meine kleinen sündigen Gewohnheiten und mein Geld. Ich weiß nicht, ob ich das alles aufgeben will, selbst wenn es bedeutet, dass ich *dich* dafür bekomme."

So wie ich es dir jetzt dargestellt habe – als eine direkte Entscheidung zwischen Gott und unseren anderen Sachen –, hoffen doch die meisten von uns, dass sie sich für Gott entscheiden würden. Aber wir müssen uns bewusst machen, dass die Tatsache, wie wir unsere Zeit verbringen, wohin unser Geld geht und worin wir unsere Kraft und Energie investieren, damit gleichzusetzen ist, ob wir Gott erwählen oder ihn zurückweisen.

Wie können wir auch nur eine Sekunde lang denken, dass irgendetwas auf dieser winzigen Erde mit dem Schöpfer, Versorger und Erretter all dieser Dinge zu vergleichen wäre?

Wir empören Gott, wenn wir ihn mit den Dingen dieser Welt vergleichen und ihn gegen sie abwägen. Es macht ihn zornig, wenn wir tatsächlich zu dem Schluss kommen, diese Dinge seien besser für uns als er selbst. Wir glauben, wir brauchen nichts von den Dingen, die Jesus uns anbietet, aber wir erkennen dabei nicht, dass wir langsam, fast unmerklich, stromabwärts treiben. Und dabei werden wir blind und entblößt und wir verwandeln uns in arme Wichte.

Hör mir jetzt gut zu, denn das ist entscheidend, es gibt tatsächlich nichts Wichtigeres für die Ewigkeit: *Bist du bereit, Gott zu sagen, dass er von dir alles haben kann, was er verlangt? Glaubst du, diese rückhaltlose Hingabe an ihn ist wichtiger, als jede andere Sache oder Person in deinem Leben? Weißt du, dass nichts in diesem Leben jemals von Bedeutung ist, wenn es nichts damit zu tun hat, ihn oder die Menschen, die er geschaffen hat, zu lieben?*

Wenn die Antwort auf diese Fragen ein Ja ist, dann lass deine Taten mit deinen Worten übereinstimmen. Wahrer Glaube bedeutet, nichts zurückzuhalten. Er setzt alles auf die Hoffnung der Ewigkeit.

Ich weiß, dass all das „Stromaufwärts-Schwimmen, Christus-Nachfolgen, Kreuz-auf-sich-Nehmen und Kosten-Überschlagen" nicht leicht ist. Tatsächlich ist es so schwer, dass selbst Jesus sagte: Der Weg ist schmal und wenige werden ihn finden (siehe Matthäus 7,14) … Und noch weniger von denen, die reich oder sonst wie im Wohlleben befangen sind. Lasst uns nicht, wie im Gleichnis des Sämanns, voraussetzen, dass unser Boden gut ist. Geh nicht einfach davon aus, dass du einer der Wenigen auf dem schmalen Pfad bist.

KAPITEL 6

Verliebt, aber richtig

Gott, ich habe deine Güte geschmeckt. Sie hat meinen Hunger gestillt und mich gleichzeitig hungrig nach mehr gemacht. Mir ist schmerzhaft bewusst, dass ich weiterhin deine Gnade brauche. Ich schäme mich, dass ich so wenig Verlangen nach dir habe.

Gott, dreieiniger Gott, ich will das Verlangen nach dir haben. Ich sehne mich danach, mit einer Sehnsucht nach dir erfüllt zu werden. Ich dürste danach, noch durstiger zu werden.

Zeige mir deine Herrlichkeit, ich bitte dich, damit ich dich wirklich erkenne.

Beginne aus Barmherzigkeit ein neues Werk der Liebe in mir. Sage zu meiner Seele: „Komm, mach dich auf, meine Freundin; meine Schöne, komm doch!“ (Hohelied 2,13).

> *Gib mir Gnade, damit ich aufstehen und dir nachfolgen kann, heraus aus diesem nebeligen Tal, durch das ich so lange gewandert bin."*[11]

Hast du jemals einen Menschen getroffen, der so vollkommen und absolut verliebt war in Jesus? Ich schon. Nämlich Clara, die Großmama meiner Frau. Vor Kurzem sprach ich auf Großmama Claras Beerdigung und ich konnte den versammelten Trauergästen ehrlich mitteilen, dass ich niemanden kannte, der sich so sehr darauf freute, Jesus zu sehen. Jeden Morgen kniete Clara vor ihrem Bett und verbrachte kostbare Stunden mit ihrem Retter und Geliebten. Später am Tag bewirkte der bloße Anblick dieser bestimmten Ecke des Bettes, dass ihr Freudentränen in die Augen stiegen und sie erfüllt wurde mit einer tiefen Vorfreude auf den nächsten Morgen, den sie kniend in seiner Gegenwart verbringen würde. Großmama Clara benahm sich Gott gegenüber so, wie wir uns Menschen gegenüber benehmen, in die wir total verliebt sind.

Wenn du wirklich verliebt bist, nimmst du einiges auf dich, um mit der Person, die du liebst, zusammen zu sein. Du würdest stundenlange Fahrten auf dich nehmen, um den anderen zu sehen, selbst wenn es nur für eine kurze Zeit wäre. Es macht dir nichts aus, lange aufzubleiben, nur um zu reden. Ein Spaziergang im Regen ist romantisch, nicht ärgerlich. Du bist bereit, ein kleines Vermögen für den Menschen, der dir so wichtig ist, auszugeben. Es schmerzt, wenn ihr getrennt voneinander seid, ja, du bist ganz unglücklich. Er oder sie ist alles, woran du denkst, und du ergreifst jede Gelegenheit, um mit dem anderen zusammen zu sein.

In seinem Buch *God is the Gospel* (dt. „Gott selbst ist das Evangelium") stellt John Piper im Wesentlichen die Frage, ob wir in Gott verliebt sind: „Die entscheidende Frage für unsere Generation – und für jede Generation – ist diese: Wenn du in einen Himmel kommen könntest, ohne Krankheit, mit allen Freunden auf der Erde, die du je hattest, mit all deinen Leibgerichten, mit all deinen Hobbys und Freizeitaktivitäten, die dir jemals Spaß machten, mit all den natürlichen Schönheiten, die du je sahst, mit all den körperlichen Freuden, die du je schmecktest, ohne menschlichen Streit oder irgendwelche Naturkatastrophen – wärst du zufrieden im Himmel, wenn Christus nicht dort wäre?"[12]

Wie viele von euch lesen diese Worte und denken, „eigentlich würde mir das wirklich reichen"? Wenn du aber so sehr in Gott verliebt bist, wie Großmama Clara es war, dann weißt du, dass du ohne Christus im Himmel niemals zufrieden wärst.

Streng dich nicht so an

Als ich das vorige Kapitel schrieb, hatte ich Bedenken, dass es in dir lediglich Furcht und Schuldgefühle hervorrufen könnte. Aus meiner persönlichen Erfahrung weiß ich, dass Handlungen, die aus Furcht und Schuldgefühlen heraus entstehen, kein Gegenmittel für einen lauwarmen, egoistischen und bequemen Lebensstil sind. Ich hoffe, du erkennst stattdessen, dass die Lösung *Liebe* heißt.

Großmama Clara sagte immer: „Ich liebe die Liebe." Tun wir das nicht alle? Sehnen wir uns nicht alle danach? Und ist es nicht genau das, was Gott von uns möchte – dass wir uns nach dieser Beziehung mit ihm so sehr sehnen, wie wir uns nach jeder echten Liebesbeziehung sehnen? Das ist es doch, was ihn verherrlicht – wenn die Gläubigen ihn *begehren,* und nicht nur wie seine Sklaven sind, die ihm aus einem Pflichtgefühl heraus dienen?

„Denn ihr seid zur Freiheit berufen, Brüder. Nur macht die Freiheit nicht zu einem Vorwand für das Fleisch, sondern dient einander durch die Liebe. Denn das ganze Gesetz wird in *einem* Wort erfüllt, in dem: ‚Du sollst deinen Nächsten lieben wie dich selbst'" (Galater 5,13-14).

Verstehst du, was diese Schriftstelle aussagt? Wenn wir lieben, sind wir frei! Dann brauchen wir uns keine Sorgen um eine erdrückende Last von Geboten zu machen, denn wenn wir lieben, können wir nicht sündigen. Erlebst du diese Freiheit in deinem christlichen Leben?

Im selben Kapitel schreibt Paulus, dass nur „der Glaube, der durch die Liebe wirksam ist", zählt (Vers 6). Wo stehst du? Ist es dir wichtig, Gott zu lieben, und im erweiterten Sinn auch Menschen? Bedeutet das für dich, ein Christ zu sein? Lebst du so, als ob der durch die Liebe erwiesene Glaube wirklich das Einzige ist, das zählt?

Bei mir war es jedenfalls lange Zeit nicht so. Und die meisten Leute, die ich kenne, waren genauso. Oft ist eben eine große Kluft zwischen unserer Auffassung vom Glauben und der, die wir haben sollten. Warum finden so wenige Menschen echte Freude und Gefallen an ihrer Beziehung zu Gott? Warum denken die meisten, sie müssten entweder Gott etwas zurückzahlen für alles, was er für sie tat (seine Liebe erkaufen), oder ihre Unzulänglichkeiten und ihr Versagen irgendwie wiedergutmachen (ihre Liebe beweisen)? Warum können wir unser Leben an den meisten Tagen nicht ehrlich mit den Worten des 63. Psalms beschreiben?

„Gott, du bist mein Gott; früh suche ich dich! Meine Seele dürstet nach dir; mein Fleisch schmachtet nach dir, in einem dürren, lechzenden Land ohne Wasser, dass ich deine Macht und Herrlichkeit schauen darf, gleichwie ich dich schaute im Heiligtum. Denn deine Gnade ist besser als Leben; meine Lippen sollen dich rühmen. So will ich dich loben mein Leben lang, in deinem Namen meine Hände aufheben. Meine Seele wird satt wie von Fett und Mark, und mit jauchzenden Lippen lobt dich mein Mund" (Psalm 63,2-6).

Ein laues Leben zu führen und gleichzeitig den Namen Jesus für sich zu beanspruchen, ist für Gott absolut abstoßend. Und wenn wir ehrlich sind, müssen wir zugeben, dass es auch für uns kaum erfüllend oder erfreulich ist. Aber es ist ebenso keine Lösung, sich noch mehr anzustrengen und dabei dann auch noch zu versagen, und dann noch größere Versprechen abzugeben, nur um wieder zu versagen. Es nützt nichts, wenn du versuchst, mehr Liebe für Gott aufzubringen, oder du dich zwingst, ihn mehr zu lieben. Wenn die Liebe zu Gott zur Pflicht wird, zu einem der vielen Dinge, die wir tun *müssen*, dann sind wir letztendlich dadurch sogar noch mehr auf uns selbst fixiert. Kein Wunder, dass so wenige Menschen von uns etwas über die Dinge hören wollen, die wir selbst nur als langweilige, schuldbeladene Pflichtübung empfinden!

Wie ich bereits im letzten Kapitel schrieb, sind wir aufgerufen, *alles* für Christus aufzugeben – ein Gedanke, der die meisten Kirchgänger nicht sonderlich begeistert. Was fehlt also? Was stimmt nicht bei dieser Vorstellung? Machen wir uns einfach nur etwas vor, wenn wir glauben, wir können aufrichtig in Gott verliebt sein, und dass es befriedigender ist als alles andere? Nein, das denke ich nicht.

Hilfe! Ich liebe dich nicht

Gott möchte uns verändern. Er starb, damit wir uns verändern können. Die Antwort lautet: *Lass* dich von ihm verändern. Erinnerst du dich an seinen Rat an die laue Gemeinde in Laodizea? „Siehe, ich stehe vor der Tür und klopfe an. Wenn jemand meine Stimme hört und die Tür öffnet, so werde ich zu ihm hineingehen und das Mahl mit ihm essen und er mit mir" (Offenbarung 3,20). Sein Rat war nicht: „Streng dich mehr an", sondern vielmehr, dass wir ihn einlassen sollen. Jakobus schreibt dazu: „Naht euch zu Gott, so naht er sich zu euch!" (Jakobus 4,8).

Jesus Christus starb nicht, um uns einfach nur vor der Hölle zu bewahren; er starb auch, um uns von unserer Gebundenheit an die Sünde zu erretten. In Johannes 10, Vers 10 sagt Jesus: „Ich bin gekommen, damit sie das Leben haben und es im Überfluss haben.“ Er sprach nicht von der Zukunft. Er meinte damit jetzt, in diesem Leben.

Tatsache ist: Ich brauche Gott, damit er mir hilft, ihn überhaupt erst mal zu lieben. Und wenn ich seine Hilfe brauche, um ihn, ein vollkommenes Wesen, zu lieben, dann brauche ich erst recht seine Hilfe, um andere fehlerhafte Menschen zu lieben. Es muss etwas Geheimnisvolles, ja sogar Übernatürliches geschehen, damit die echte Liebe zu Gott in unseren Herzen wachsen kann. Gottes heiliger Geist selbst muss sich in meinem Leben rühren.

Das ist ein bemerkenswerter Kreislauf: Unsere Gebete für mehr Liebe produzieren mehr Liebe, was natürlich wiederum bewirkt, dass wir mehr beten, woraus wieder mehr Liebe entsteht … Stell dir vor, du gehst eine Runde Laufen, während du ein paar Kuchenriegel isst. Abgesehen davon, dass dies völlig unsinnig wäre und lediglich Seitenstechen verursachte, wäre es auch fast unmöglich – du müsstest aufhören zu laufen, um die Kuchen zu essen.

Genauso müsstest du aufhören, Christus zu lieben und ihm zu folgen, um zu sündigen: Wenn du nach der Liebe strebst und zu Christus hinläufst, dann hast du keine Gelegenheit, dich zu fragen: *Mache ich alles richtig? Habe ich diese Woche genug gedient?* Wenn du zu Christus läufst, dann *bist du befreit, ihm zu dienen,* ihn zu lieben und ihm zu danken – ohne Schuldgefühle, Sorgen oder Furcht. Solange du läufst, bist du nämlich bei ihm sicher!

Aber das Laufen ist anstrengend. Zumindest wenn wir vor Sünde, Schuld und Furcht weglaufen (oder wenn wir eine Weile nicht gelaufen sind). Wenn wir uns jedoch trainieren, zu unserer Zufluchtstätte, unserer Liebe, hinzulaufen, sind wir frei – und genau dazu sind wir berufen.

Sobald wir anfangen, uns mehr auf Christus zu konzentrieren, wird es für uns immer natürlicher, ihn und andere Menschen zu lieben. Solange wir ihn suchen, sind wir in ihm zufrieden. Erst wenn wir aufhören, ihn aktiv zu lieben, merken wir, dass wir unruhig werden und dazu neigen, uns anderen Dingen zuzuwenden, die uns erfüllen.

Wenn ich die Psalmen lese, fällt mir eine tiefe Vertrautheit mit Gott auf, die mir unerreichbar erscheint. Ich muss mich daran erinnern, dass die Psalmen von Menschen wie du und ich geschrieben wurden. Sie genossen eine Nähe zu Gott, die auch wir erfahren können. Wir sollten mit Worten wie diesen mit Gott sprechen:

„Wie ein entwöhntes Kind bei seiner Mutter, wie ein entwöhntes Kind ist meine Seele in mir“ (Psalm 131,2).

„Du hast mir Freude in mein Herz gegeben, die größer ist als ihre, wenn sie Korn und Most in Fülle haben. Ich werde mich in Frieden niederlegen und schlafen; denn du allein, Herr, lässt mich sicher wohnen“ (Psalm 4,8-9).

„Du wirst mir den Weg des Lebens zeigen; vor deinem Angesicht sind Freuden in Fülle, liebliches Wesen zu deiner Rechten ewiglich!“ (Psalm 16,11).

„Der Herr ist meine Stärke und mein Schild; auf ihn hat mein Herz vertraut, und mir wurde geholfen. Darum frohlockt mein Herz, und ich will ihm danken in meinem Lied“ (Psalm 28,7).

„Sättige uns früh mit deiner Gnade, so wollen wir jubeln und fröhlich sein unser Leben lang“ (Psalm 90,14).

„Deine Zeugnisse sind mein ewiges Erbe, denn sie sind die Wonne meines Herzens“ (Psalm 119,111).

Ich möchte nicht, dass das alles täuschend leicht klingt – die Psalmen sind auch voller Schmerzensschreie:

„Herr, höre mein Gebet und vernimm mein Schreien! Schweige nicht zu meinen Tränen“ (Psalm 39,13).

„Aus der Tiefe rufe ich zu dir, o Herr: Herr, höre meine Stimme! Lass deine Ohren aufmerksam sein auf die Stimme meines Flehens! (Psalm 130,1-2).

Jesus sagte: „ In der Welt habt ihr Bedrängnis; aber seid getrost, ich habe die Welt überwunden!“ (Johannes 16,33). Das Leben ist nicht perfekt, wenn du Jesus von ganzem Herzen nachfolgst. Jesus sagt: Du wirst Bedrängnis haben. Das ist so gut wie sicher. *Aber*, er hat die Welt überwunden. Also fasse Mut, mach weiter, kämpfe den guten Kampf, bete ohne Unterlass und werde nicht müde. Es gibt nichts Besseres, als alles aufzugeben und in eine leidenschaftliche Liebesbeziehung zu Gott zu treten, dem Gott des Universums, der die Galaxien erschuf, die Blätter, das Lachen und dich und mich.

Und was passiert, wenn ich tatsächlich glaube, dass er die Welt überwunden hat? Was ist mit der Sünde, die ich anscheinend nicht überwinden kann, bis sein Reich kommt? Was ist mit meiner kaputten Familie? Was ist mit meiner Vergangenheit? Was ist mit der Krebserkrankung meiner Großmutter? Was ist mit dem Autounfall, bei dem mein Freund ums Leben kam? Was ist mit meiner Scheidung? – Wir alle haben so eine endlose Liste.

Die Verheißung, dass unsere Bedrängnisse uns eine „über alle Maßen gewichtige Herrlichkeit“ (2. Korinther 4,17) verschaffen, ist inmitten des ganzen Durcheinanders scheinbar schwer zu glauben. Es klingt ein wenig abgedroschen, dass all unsere Kämpfe auf dieser Erde „schnell vorübergehend und leicht“ sind, wie Paulus schreibt, nicht wahr? Meine Kämpfe fühlen sich jedenfalls nicht so an. Manchmal drohen sie mein ganzes weiteres Leben zu verschlingen.

Dennoch sagt Gott, dass wir am Ende doch das bessere Teil bekommen, und dass wir wirklich belohnt werden, und zwar in einer Weise, die unsere momentanen Enttäuschungen und Nöte bei Weitem überwiegt. Sogar dass wir gesegnet sind, „wenn euch die Menschen hassen, und wenn sie euch ausschließen und schmähen und euren Namen als einen lasterhaften verwerfen um des Menschensohnes willen. Freut euch an jenem Tag und hüpft! Denn siehe, euer Lohn ist groß im Himmel“ (Lukas 6,22).

„Und sie fügten sich ihm und riefen die Apostel herbei und gaben ihnen Schläge und verboten ihnen, in dem Namen Jesu zu reden und entließen sie. Sie nun gingen voll Freude vom Hohen Rat hinweg, weil sie gewürdigt worden waren, Schmach zu leiden um Seines Namens willen; und sie hörten nicht auf, jeden Tag im Tempel und in den Häusern zu lehren und das Evangelium von Jesus dem Christus zu verkündigen“ (Apostelgeschichte 5,40-42).

Wie beeindruckend! Ich hoffe, dass ich mich einmal genauso wie die Apostel freuen werde, wenn ich mich je in einer ähnlichen Situation befinden sollte. Aber manchmal denke ich, ich würde in dem Moment eher meine Umstände beklagen und mich über Gott ärgern. Wenn ich meine Beziehung zu Gott als Mühsal, als ein Opfer betrachte, dann bekomme *ich* die Ehre und nicht Gott. Dann sage ich immer wieder: „Sieh mal, was ich für Gott aufgegeben habe …“, oder: „Hör mal, was ich alles für Gott tue. Es ist wirklich schwer und anstrengend …“

Stattdessen können wir uns freuen, wenn wir Opfer bringen, geben und sogar leiden, denn wir wissen, dass Gott uns belohnt. Wir sind immer die Empfänger seiner großen und vielfältigen Gaben. Wir sind nicht die Geber. Niemals. David Livingstone, ein Missionar in Afrika im 19. Jahrhundert, sagte einmal in einer Rede, die er vor Studenten der Universität Cambridge hielt: „Die Menschen reden von dem Opfer, das ich brachte, weil ich so lange Zeit meines Lebens in Afrika war … Ich brachte nie ein Opfer. Wir sollten nicht von ‚Opfer‘ sprechen, wenn wir uns an das große Opfer erinnern, das Jesus brachte, als er den himmlischen Thron verließ, um sich für uns hinzugeben."[13]

„Der Gott, der die Welt gemacht hat und alles, was darin ist, er, der Herr des Himmels und der Erde ist, wohnt nicht in Tempeln, die von Händen gemacht sind; er lässt sich auch nicht von Menschenhänden bedienen, als ob er etwas benötigen würde, da er doch selbst allen Leben und Odem und alles gibt" (Apostelgeschichte 17,24-25). Die Bibel sagt, dass es uns nützlich ist, wenn wir Gottes Geboten gehorchen. Ich glaube, wir gehen natürlicherweise davon aus, dass wir nur dann glücklich sind, wenn wir auf unsere eigenen Interessen und Belange achten. Aber Menschen, die sich für andere aufopfern, werden dir sagen, dass die Zeiten des Gebens die Zeiten in ihrem Leben waren, die sie am meisten erfüllten.

Es stellt sich für unsere Betrachtung also heraus, dass die Bibel recht hat: „Geben ist glückseliger als Nehmen!" (Apostelgeschichte 20,35). Der Dramatiker George Bernard Shaw schreibt dazu: „Die wahre Freude im Leben eines Menschen ist es, für ein Ziel gebraucht zu werden, das er selbst als großartig ansieht. Ein Werkzeug der Natur zu sein, anstelle eines fiebrigen, eigensüchtigen kleinen Häufchens voller Unpässlichkeiten und Beschwerden, das sich darüber beklagt, dass die Welt sich nicht der Aufgabe widmet, ihn glücklich zu machen." Gott ist der einzig wahre Geber und er braucht von uns überhaupt nichts. Aber dennoch hat er dieses Verlangen nach uns. Er gab uns Leben, damit wir ihn suchen und erkennen.

Jesus: Diener, nicht Bettler

In Maleachi 1, Vers 11 sagt Gott: „Denn vom Aufgang der Sonne bis zu ihrem Niedergang soll mein Name groß werden unter den Heidenvölkern, und überall sollen meinem Namen Räucherwerk und Gaben, und zwar reine Opfergaben, dargebracht werden; denn groß soll mein Name unter den Heidenvölkern sein!"

Gott teilt den Priestern mit, dass ihm andere die Ehre erweisen werden, wenn sie es nicht tun. Gott sagt, dass sein Name groß unter den Heidenvölkern sein wird. In diesem Augenblick preisen mindestens einhundert Millionen Engel den Namen des Herrn. Er hat es jedenfalls nicht nötig, uns darum zu bitten oder anzuflehen. Wir sollten diejenigen sein, die darum bitten, ihn in seiner Gegenwart anbeten zu können.

Weiter hinten in Maleachi bekommen wir dann eine unglaubliche Verheißung von Gott: „Bringt den Zehnten ganz in das Vorratshaus, damit Speise in meinem Haus sei, und prüft mich doch dadurch, spricht der Herr der Heerscharen, ob ich euch nicht die Fenster des Himmels öffnen und euch Segen in überreicher Fülle herabschütten werde!" (Maleachi 3,10).

Dies ist die einzige Stelle in der Bibel, in der Gott sein Volk auffordert, ihn zu prüfen, also zu versuchen, ihn im Geben zu übertreffen. Er weiß, dass das unmöglich ist. Niemand kann den Einen, von dem alle Dinge kommen, darin übertreffen. Gott weiß, dass die Menschen erkennen werden, was in 1. Chronik 29, Vers 14 steht: „Denn von dir kommt alles, und aus deiner eigenen Hand haben wir dir gegeben." Nichts anderes hat meinen Glauben so sehr gestärkt als zu sehen, wie Gott das segnet, was ich ihm zurückgebe und ihm zu Füßen lege.

Wenn du wirklich Gottes übernatürliche Versorgung erleben willst, dann tue genau das, was er dir sagt. Prüfe ihn. Gib mehr als du verkraften kannst, und sieh, wie er reagiert. Wenn wir darauf ausgerichtet sind, Christus zu lieben, bedeutet das nicht, dass wir uns jetzt weniger einsetzen. Viele Dinge, die ich früher tat, tue ich heute auch noch, aber damals war meine Motivation Furcht oder die Angst vor den Folgen. Wenn wir für Christus aus einem Pflichtgefühl heraus arbeiten, dann *fühlt* es sich auch wie Arbeit an. Aber wenn wir Christus voll und ganz lieben, ist all unsere Arbeit eine Auswirkung dieser Liebe, und es fühlt sich wie Liebe an.

In Wirklichkeit wird keiner von uns jemals würdig sein. Es ist sinnlos, sich das verdienen zu wollen. Und du wirst dich niemals bereit fühlen. Es bleibt ungewiss und unbequem. Aber es gibt tatsächlich einen Gott, der alles vergibt und unendlich viel Liebe weitergibt.

Jemand, mit dem ich ehrlich sein kann

Wenn du nur vorgibst, dich an Gott zu freuen oder ihn zu lieben, dann weiß er das. Du kannst ihn nicht täuschen. Versuch es erst gar nicht. Sage ihm stattdessen, wie du dich fühlst. Sag ihm, dass er in deinem Leben nicht das Wichtigste für dich ist, und dass es dir leidtut. Sag ihm, dass du lauwarm warst, und dass du diesen oder jenen (Freund) ihm immer wieder vorgezogen hast. Sag ihm, dass du dich von ihm verändern lassen willst, dass du dich danach sehnst, dich aufrichtig an ihm zu erfreuen. Sag ihm, dass du wahre Zufriedenheit und Freude in der Beziehung zu ihm erleben willst. Sag ihm, dass du ihn mehr als alles andere auf dieser Erde lieben willst. Sag ihm, dass du das Reich Gottes auf der Erde als so kostbar erachten willst, dass du bereit bist, alles zu verkaufen, um es zu erlangen. Sag ihm, was dir an ihm gefällt, was du schätzt und was dir Freude bereitet.

Jesus, ich muss mich selbst aufgeben. Ich bin nicht stark genug, dich aus eigener Kraft zu lieben und mit dir zu wandeln. Ich kann es nicht und ich brauche dich. Ich brauche dich ganz dringend. Ich glaube, du bist es wert. Du bist besser als alles andere, was ich in diesem oder im nächsten Leben haben könnte. Ich will dich. Und wenn es nicht so ist, dann will ich, dass sich das ändert: Ich will dich wollen. Sei du alles für mich. Nimm alles von mir. Mach mit mir, was du *willst.*

KAPITEL 7

Das Beste des Lebens kommt erst

Wahrscheinlich hast du inzwischen festgestellt, dass du eine klare Entscheidung treffen musst: Entweder du lässt das Leben einfach so weiterlaufen, was damit gleichzusetzen ist, Gott deine Reste zu servieren, oder du läufst aktiv zu Christus hin.

Erkennst du, wie dumm es ist, ohne ihn nach Erfüllung zu suchen? Verstehst du, dass es unmöglich ist, Gott zu gefallen, ohne sich bedingungslos hinzugeben? Begreifst du, wie schön es ist und wie viel tiefe Freude es bringt, wenn du eine echte Vertrautheit mit Gott, deinem heiligen Vater und Freund, pflegst? Ist dein Verlangen, Gott zu erkennen, größer als dein Wunsch nach Sicherheit?

Vielleicht hast du all diese Fragen mit Ja beantwortet, fragst dich aber immer noch, womit das gleichzusetzen ist und wie die Alternativen dazu aussehen, wenn man nicht mit dem Strom schwimmen oder die Rolltreppe nach unten nehmen will. Wie sieht das im Alltag aus, wenn man zu Christus hinläuft und nach Liebe strebt?

Die Bibel ist der beste Ort, den ich kenne, um das herauszufinden. Hier entdecken wir viel Weisheit, und wir können von dem Beispiel lernen, das uns die Menschen geben, die Gott von ganzem Herzen gefolgt sind. Eine der besten Passagen steht wahrscheinlich in Hebräer 11, einem Kapitel, das oft als das „Glaubenskapitel" bezeichnet wird. Man ist versucht zu glauben, dass die Menschen, die dort aufgelistet sind, irgendwie übermenschlich oder Superheilige waren, und dass du und ich niemals solche Dinge tun könnten.

Aber wusstest du, dass Abraham sich um seine Sicherheit fürchtete, und deshalb hinsichtlich seiner Frau Sarah log, indem er sie als seine Schwester ausgab … sogar zwei Mal? Denke nur an Jakob, der das Erstgeburtsrecht seines Bruders Esau stahl, seinen Vater überlistete, damit er ihn segnete, und dann aus Angst vor Esau floh.

Oder wusstest du, dass Mose ein Mörder war und sich so sehr davor fürchtete, öffentlich zu reden, dass er seinen Bruder Aaron schickte, um an seiner statt zu sprechen? In Hebräer 11 finden wir auch Rahab, eine Heidin, und dazu noch eine Frau (damals ein ernsthafter Nachteil). Ganz abgesehen davon war sie auch noch eine Prostituierte! Dann ist da Simson, der so viele Probleme hatte, dass ich gar nicht weiß, wo ich anfangen soll. Und natürlich David, „ein Mann nach dem Herzen Gottes", der dennoch ein Ehebrecher und Mörder war und dessen Kinder boshaft und rebellisch waren.

Diese Leute waren bei Weitem nicht vollkommen, doch sie hatten Glauben an einen Gott, der in der Lage war, sich in scheinbar verhängnisvollen Situationen zu erweisen. Zum Beispiel Noah, der „durch Glauben … als er eine göttliche Weisung empfangen hatte über die Dinge, die man noch nicht sah, von Gottesfurcht bewegt eine Arche zur Rettung seines

Hauses (baute)" (siehe Hebräer 11, 7). Noah verbrachte 120 Jahre damit, die Arche zu bauen und die anderen vor dem bevorstehenden Gericht zu warnen. Angenommen, es hätte nie eine Flut gegeben – Noah wäre zur größten Lachnummer aller Zeiten geworden. Glaube bedeutet oft, das zu tun, was andere als dumm einstufen. *Wenn unser Leben für Ungläubige sinnvoll erscheint, stimmt etwas nicht.*

Und dann ist da noch Abraham. In Hebräer 11,17-19 steht: „Durch Glauben brachte Abraham den Isaak dar, als er geprüft wurde und opferte den Eingeborenen, er, der die Verheißungen empfangen hatte, zu dem gesagt worden war: ‚In Isaak soll dir ein Same berufen werden.' Er zählte darauf, dass Gott imstande ist, auch aus den Toten aufzuerwecken, weshalb er ihn auch als ein Gleichnis wieder erhielt."

Abraham setzte seine Hoffnung auf die Fähigkeit Gottes, die Toten aufzuerwecken. Was wäre passiert, wenn Gott Abraham nicht abgehalten hätte? Stell dir vor, du stehst vor deinem toten Sohn, nachdem du ihn umgebracht hast. Was würde dir durch den Kopf gehen, während du dein Kind beerdigst? Könntest du weiterleben, wenn dich alle einen wahnsinnigen Mörder nennen? Das wären die Folgen von Abrahams Handeln gewesen, wenn Gott nicht eingegriffen hätte. Aber er tat es.

Und genau so denk einmal über all die Märtyrer nach. In Hebräer 11,35-38 heißt es: „Andere aber ließen sich martern und nahmen die Befreiung nicht an, um eine bessere Auferstehung zu erlangen; und erfuhren Spott und Geißelung, dazu Ketten und Gefängnis; sie wurden gesteinigt, zersägt, versucht, sie erlitten den Tod durchs Schwert, sie zogen umher in Schafspelzen und Ziegenfellen, erlitten Mangel, Bedrückung, Misshandlung; sie, deren die Welt nicht wert war, irrten umher in Wüsten und Gebirgen und Höhlen und Löchern der Erde."

Wenn es die Ewigkeit nicht gäbe und Gott nicht existierte, dann hätte Paulus recht: „Wenn wir nur in diesem Leben auf Christus hoffen, so sind wir die elendesten unter allen Menschen“ (1. Korinther 15,19). Wenn es keinen Gott gibt, dann haben Paulus und die ganzen Märtyrer der Geschichte ein kurzes Leben voll sinnloser Leiden gelebt (siehe 2. Korinther 6,4-10).

Aber weil Gott real ist, sind Paulus und die Märtyrer mehr als alle anderen Menschen zu beneiden. Ihr Leiden hat sich gelohnt. Wenn wir es zulassen, mit echtem Einsatz für ihn zu leben, dann werden wir auch seine Herrlichkeit noch mal ganz anders sehen. Wir werden erleben, wie er das Unmögliche vollbringt.

In der heutigen Zeit gehen die Christen lieber auf Nummer sicher. Aber wenn wir wirklich Gott gefallen wollen, können wir so nicht leben. In diesem Leben auf der Erde müssen wir Dinge tun, die uns etwas kosten, aber in der Ewigkeit werden wir sehen, dass es sich mehr als gelohnt hat. Wie in Hebräer 11 gesagt wird, ist der Gott, dem diese Glaubenshelden dienten, genau derselbe Gott, dem auch wir dienen. In Jakobus 5, Vers 17 heißt es dazu: „Elia war ein Mensch …wie wir.“ Wenn wir beten, werden unsere Gebete von demselben Gott gehört, der Moses Gebet um Wasser in der Wüste erhörte, dem Gott, der Abrahams unfruchtbarer Frau einen Sohn schenkte, und dem Gott, der den Sklaven Joseph zum zweitmächtigsten Mann Ägyptens nach dem Pharao machte.

Das beste Beispiel für Opferbereitschaft und Hingabe ist natürlich Jesus Christus. Er hatte alles, dennoch gab er aus Liebe zu seinem Vater alles auf. Du solltest die gleiche Gesinnung haben wie er … „Der, als er in der Gestalt Gottes war, es nicht wie einen Raub festhielt, Gott gleich zu sein; sondern er entäußerte sich selbst, nahm die Gestalt eines Knechtes an und wurde wie die Menschen; und in seiner äußeren Erscheinung als ein Mensch erfunden, erniedrigte er sich selbst und wurde gehorsam bis zum Tod, ja bis zum Tod am Kreuz. Darum hat ihn Gott auch über alle Maßen erhöht und ihm einen Namen verliehen, der über allen Namen ist, damit in dem Namen Jesu sich alle Knie derer beugen, die im Himmel und auf Erden und unter der Erde sind, und alle Zungen bekennen, dass Jesus Christus der Herr ist, zur Ehre Gottes, des Vaters" (Philipper 2,6-11).

Johannes teilt uns eindeutig mit: „Wer sagt, dass er in ihm bleibt, der ist verpflichtet, auch selbst so zu wandeln, wie jener gewandelt ist" (1. Johannes 2,6). Bist du bereit, dich selbst für nichts zu erachten? Die wahre Natur eines Dieners anzunehmen? Gehorsam zu sein bis in den Tod? Wenn deine ehrliche Antwort auf diese Fragen ein Ja ist, wie zeigen sich diese Absichten in deinem Leben?

In Matthäus 25 bekommen wir ein erschreckendes Bild des kommenden Gerichts. In diesem Abschnitt verdammt Christus Menschen zu ewiger Bestrafung, weil sie sich während ihres Lebens auf der Erde nie etwas aus ihm machten. „Denn ich bin hungrig gewesen, und ihr habt mich nicht gespeist; ich bin durstig gewesen, und ihr habt mir nicht zu trinken gegeben; ich bin ein Fremdling gewesen, und ihr habt mich nicht beherbergt; ohne Kleidung, und ihr habt mich nicht bekleidet; krank und gefangen, und ihr habt mich nicht besucht!" (Matthäus 25,42-44). Auf den vorwurfsvollen Protest, sie hätten Christus nie in einer dieser Notlagen gesehen, antwortet Jesus in Vers 45: „Wahrlich, ich sage euch: Was ihr einem dieser Geringsten nicht getan habt, das habt ihr mir auch nicht getan!"

Autsch! Für mich ist das wie ein Messerstich, wie ein unerwarteter Schlag ins Gesicht. Ich hörte schon bei vielen Gelegenheiten, wie über diesen Abschnitt gelehrt wurde, wie viele von euch auch. Ich verließ überführt die Veranstaltung, nahm es aber nicht so wörtlich. Wir verstehen diesen Text eher als eine neue Sichtweise von Armut, als dass wir ein wörtlich zu nehmendes Bild des kommenden Gerichts darin sehen.

Wie sehr würde mein Leben sich verändern, wenn ich tatsächlich jeden Menschen, mit dem ich in Berührung komme, durch Christus ansehe – die Person, die so furchtbar langsam vor mir herfährt, die Angestellte im Lebensmittelladen, die sich lieber unterhält anstatt meine Waren einzuscannen, den Angehörigen meiner eigenen Familie, mit dem ich anscheinend keine Unterhaltung führen kann, ohne mich zu ärgern?

Wenn wir glauben, was Jesus sagt, nämlich dass die beiden größten Gebote lauten: „Du sollst den Herrn, deinen Gott, lieben mit deinem ganzen Herzen und mit deiner ganzen Seele und mit deinem ganzen Denken" und „Du sollst deinen Nächsten lieben wie dich selbst" (Matthäus 22,37+39), dann hat uns dieser Abschnitt eine ganze Menge zu sagen. Im Grunde genommen verbindet Christus das Gebot „Gott zu lieben" mit dem Gebot „deinen Nächsten zu lieben". Indem wir „seine Geringsten" lieben, lieben wir Gott selbst.

Im selben Kapitel des Matthäusevangeliums (Kapitel 25) segnet Jesus einige Leute für ihr Verhalten. Verwirrt fragen sie: „Herr, wann haben wir dich hungrig gesehen und haben dich gespeist, oder durstig, und haben dir zu trinken gegeben? Wann haben wir dich als Fremdling gesehen und haben dich beherbergt, oder ohne Kleidung, und haben dich bekleidet? Wann haben wir dich krank gesehen, oder im Gefängnis, und sind zu dir gekommen?" (Matthäus 25,37-39).

Seine Antwort ist einfach überwältigend: „Und der König wird ihnen antworten und sagen: Wahrlich, ich sage euch: Was ihr einem dieser meiner geringsten Brüder getan habt, das habt ihr mir getan" (Matthäus 25,40).

Jesus sagt hier, dass wir eine greifbare Liebe für Gott zeigen, wenn wir uns so um die Armen und Verzweifelten kümmern, als ob es Christus selbst wäre.

Frag dich selbst: Wenn du tatsächlich sehen würdest, dass Jesus am Verhungern wäre, was würdest du für ihn tun? „Daran haben wir die Liebe erkannt, dass er sein Leben für uns hingegeben hat; auch wir sind es schuldig, für die Brüder das Leben hinzugeben. Wer aber die Güter dieser Welt hat und seinen Bruder Not leiden sieht und sein Herz vor ihm verschließt – wie bleibt die Liebe Gottes in ihm? Meine Kinder, lasst uns nicht mit Worten lieben noch mit der Zunge, sondern in Tat und Wahrheit! Und daran erkennen wir, dass wir aus der Wahrheit sind, und damit werden wir unser Herz vor ihm stillen, dass, wenn unser Herz uns verurteilt, Gott größer ist als unser Herz und alles weiß“ (1. Johannes 3,16-20).

In dieser Schriftstelle erkennen wir, dass Johannes die Frage stellt, ob es möglich ist, in Wahrheit Gottes Liebe in dir zu haben, wenn du keine Barmherzigkeit für die Armen empfindest. Als Beispiel dafür nennt er die Liebe Jesu, die sich darin erwies, dass er sein eigenes Leben opferte.

Gott gab nicht einfach nur ein bisschen was für uns. Er gab uns sein Bestes. Er gab sich in seinem Sohn selbst. Johannes sagt, dass es für uns nicht anders ist: Wahre Liebe fordert Opfer. Und auch unsere Liebe zeigt sich deshalb in unserm Lebensstil: „Lasst uns nicht mit Worten lieben noch mit der Zunge, sondern in Tat und Wahrheit!“ (1. Johannes 3,18*). Eine der anschaulichsten Möglichkeiten, „in Tat und Wahrheit“ zu lieben, ist, wenn wir anderen geben.* Mit Geben meine ich nicht nur Geld, obwohl das sicherlich auch dazugehört.

Ein weiterer wichtiger Teil des Gebens ist unsere Zeit. Die meisten von uns sind so beschäftigt, dass allein der Gedanke, unserem wöchentlichen Zeitplan auch nur einen Termin hinzuzufügen, schon Stress auslöst. Anstatt unserem Leben eine weitere Sache hinzuzufügen, möchte Gott vielleicht, dass wir ihm all unsere Zeit geben und sie von ihm so einteilen lassen, wie er es für angemessen hält. Einer der bekanntesten Verse der Bibel sagt uns: „Denn so hat Gott die Welt geliebt, dass er … gab" (siehe Johannes 3,16). Hier sehen wir die Verbindung zwischen Lieben und Geben ganz offensichtlich.

Ein Geben, das nicht aus Liebe heraus geschieht, ist nichts wert. Paulus schreibt über diese Art zu geben, dass sie „uns nichts nützt" (siehe 1. Korinther 13,3). Wenn wir jedoch in Liebe geben, gewinnen wir viel. Geben bringt nicht nur eine himmlische Entlohnung, sondern bewirkt bereits hier und jetzt große Freude in unserem Leben. Wenn wir lernen, wahrhaftiger und tiefer zu lieben, wird das Geben für uns zur offensichtlichen und selbstverständlichen Reaktion. Es ist unattraktiv und unklug, nur zu nehmen und alles für sich zu behalten.

Erinnerst du dich an die Geschichte, als Jesus Tausende von Menschen mit dem schmalen Mittagessen eines Jungen speiste? Matthäus zufolge gab Jesus in der Geschichte die Brote seinen Jüngern, und die Jünger verteilten sie an die Volksmenge. Stell dir vor, die Jünger hätten das Essen, das Jesus ihnen gab, einfach für sich behalten und ihm ständig dafür gedankt, dass er sie mit einem Mittagessen versorgt hatte. Das wäre doch dumm gewesen, wo es doch genug Essen für die Tausende von Menschen gab, die sich versammelt hatten und hungrig waren.

Aber genauso verhalten wir uns, wenn wir nicht großzügig und freudig geben. Wir sind mit so vielen guten Dingen beladen, mehr als wir jemals brauchen, während andere dringend einen kleinen Laib Brot benötigen. Die guten Dinge, an denen wir so festhalten, sind mehr als nur Geld. Wir horten unseren Besitz, unsere Gaben, unsere Zeit, unsere Familie und unsere Freunde. Wenn wir anfangen, regelmäßig zu geben, werden wir erkennen, wie lächerlich es ist, an dem Überfluss festzuhalten, den Gott uns gegeben hat, und lediglich Worte wie *„Danke schön"* zu wiederholen.

Der Apostel Paulus spricht das Problem des Gebens im Licht der Ungleichheit unter den irdischen Gläubigen an: „Nicht, damit andere Erleichterung haben, ihr aber Bedrängnis, sondern des Ausgleichs wegen: In der jetzigen Zeit soll euer Überfluss ihrem Mangel abhelfen, damit auch ihr Überfluss eurem Mangel abhilft, sodass ein Ausgleich stattfindet, wie geschrieben steht: ‚Wer viel sammelte, hatte keinen Überfluss, und wer wenig sammelte, hatte keinen Mangel'" (2. Korinther 8,13-15).

Paulus forderte die Korinther auf, den verarmten Heiligen in Jerusalem zu geben, mit dem Ziel, dass niemand zu viel oder zu wenig hätte. Dieser Gedanke ist in der heutigen Kultur ziemlich weit hergeholt, wo wir doch gelehrt werden, uns um uns selbst zu kümmern und auch dementsprechend belohnt würden.

Die Kluft ist so groß in unserer Welt, dass wir Schriftstellen wie Lukas 12, Vers 33: „Verkauft eure Habe und gebt Almosen" auf die leichte Schulter nehmen. Wie könnte ich sonst vom Besuch einer Lehmhütte heimkommen und zurück in mein 200 Quadratmeter großes Haus gehen, ohne irgendetwas zu unternehmen? Das Konzept, sich zu verkleinern, damit andere sich verbessern können, ist biblisch, wundervoll … und beinahe unbekannt. Entweder füllen wir diese Lücke aus oder wir nehmen die Worte der Bibel nicht ernst.

Wage es, dir vorzustellen, was es für dich bedeutet, die Worte Jesu ernst zu nehmen. Trau dich, dir auszumalen, dass deine eigenen Kinder in Armut leben, ohne ausreichend Nahrung. Wage es zu glauben, dass diese tatsächlich deine Not leidenden Brüder und Schwestern sind. Jesus sagte: „Denn wer den Willen meines Vaters im Himmel tut, der ist mir Bruder und Schwester und Mutter!" (Matthäus 12, 50). Glaubst du das? Lebst du so, als ob du es glaubst?

Ein Mann aus meiner Gemeinde spendete sein Haus der Gemeinde und zog zu seinen Eltern, nachdem er diese Wahrheiten gehört hatte. Er sagte mir, dass er im Himmel ein noch besseres Haus haben würde, und dass es eigentlich egal sei, wo er in diesem Leben wohnte. Er lebt, was er glaubt. – Träume ein wenig davon, was das für dich bedeuten könnte. Vielleicht startest du eine Bewegung, die sich „Streben nach dem Mittelwert“ nennt, bei der sich die Menschen verpflichten, mit oder unter dem Durchschnittseinkommen von ca. 35.000 Euro (im Jahr 2006) zu leben und den Rest wegzugeben. Ist es beklemmend, wenn du dir vorstellst, radikal und freizügig zu geben?

Ich möchte euch eine Geschichte erzählen. Jeder, der jemals Gott beim Wort genommen hat, wenn er sagte: „Prüft mich doch dadurch, ob ich euch nicht … Segen in überreicher Fülle herabschütten werde“ (siehe Maleachi 3,10), hat wahrscheinlich eine ähnliche Geschichte zu erzählen.

Ein Freund von mir gab Gott immer treu 20 Prozent seines Einkommens. Eines Tages verringerte sich sein Einkommen drastisch. Er wusste, er musste sich entscheiden, ob er weiterhin in einer Weise geben wollte, die sein Vertrauen zu Gott bewies. Es wäre nicht falsch gewesen, sein Geben auf zehn Prozent zu reduzieren. Aber mein Freund beschloss *stattdessen*, sein Geben auf 30 Prozent zu erhöhen, trotz seines geringeren Einkommens.

Ihr erratet vielleicht schon, wie die Geschichte endete. Gott segnete seinen Glauben und gab ihm mehr als genug. Mehr als er benötigte. Mein Freund durfte Gottes Versorgung aus erster Hand erleben. Wenn es schwer ist und du dich unsicher fühlst, gib einfach mehr. Oder, wie es in 5. Mose 15, Vers 10 steht: „Sondern du sollst ihm willig geben, und dein Herz soll nicht verdrießlich sein, wenn du ihm gibst; denn dafür wird der Herr, dein Gott dich segnen in all deinem Tun und in allem, was du unternimmst.“

Vielleicht hast du bereits Opfer gebracht. Wenn ja, dann hast du auch festgestellt, dass es in manchen Bereichen einfacher wird, nicht wahr? Du hast die Vorteile des Gebens erlebt und bist durch sie gesegnet worden.

Aber es wird auch schwieriger. Die Versuchung darin nachzulassen, wird mit jedem Jahr, das verstreicht, stärker. Stolz wird dir sagen, dass du mehr als andere geopfert hast. Furcht wird dir sagen, dass es jetzt an der Zeit ist, sich um die Zukunft zu sorgen. Freunde sagen dir, dass du jetzt genug gegeben hast, und dass jetzt auch mal andere an der Reihe sind.

Aber Jesus sagt, du sollst weitermachen zu lieben und zu geben, und du wirst mehr von Gott sehen. Glauben wir wirklich, dass „wir uns täglich damit beschäftigen sollten, uns auf den letzten Tag vorzubereiten“?[14] Als Jesus seine zwölf Jünger aussandte, sprach er zu ihnen: „Nehmt nichts auf den Weg, weder Stäbe noch Tasche, noch Brot noch Geld; auch soll einer nicht zwei Hemden haben“ (Lukas 9,3). Was glaubst du, warum er das sagte? Warum sollten sie nicht nach Hause laufen und schnell ein paar Sachen einpacken? Warum durften sie kein Geld mitnehmen, nur so für den Notfall? Jesus zwang seine Jünger, ihm zu vertrauen. Gott würde sich erweisen müssen, da sie nichts anderes hatten, worauf sie zurückgreifen konnten.

Auf diese Weise zu vertrauen, ist nicht sehr bequem. Tatsächlich widerspricht es allem, was wir über vernünftige Planung gelehrt wurden. Wir finden unsere Sicherheit lieber in den Dingen, die wir bereits besitzen, als in der Versorgung, die wir uns von Gott erhoffen. Wenn Christus aber sagt, wir sollen die Kosten der Nachfolge überschlagen, dann heißt das, wir müssen alles aufgeben. Es bedeutet, bereit zu sein und loszugehen ohne ein zweites „Hemd“ oder einen sicheren Schlafplatz. Manchmal sogar ohne zu wissen wohin. Gott möchte, dass wir ihm rückhaltlos vertrauen. Er möchte uns zeigen, wie er wirkt und für uns sorgt. Er möchte unsere Zuflucht sein.

Es erfordert großen Glauben, in völliger Hingabe und echter Vertrautheit mit Gott zu wandeln. In Hebräer 11, Vers 6 heißt es: „Ohne Glauben aber ist es unmöglich, ihm wohlzugefallen; denn wer zu Gott kommt, muss glauben, dass er ist, und dass er die belohnen wird, welche ihn suchen."

Als ich noch auf dem Bibelseminar war, fragte ein Professor einmal unsere Klasse: „Tust du jetzt gerade etwas, das Glauben erfordert?" Diese Frage berührte mich zutiefst, denn damals fiel mir nichts ein, für das ich in meinem Leben Glauben benötigte. Wahrscheinlich würde ich nicht viel anders leben, wenn ich nicht an Gott glaubte. Mein Leben war durch meinen Glauben weder bestimmt noch sonst in irgendeiner Weise berührt, wie ich bis dahin angenommen hatte. Außerdem wurde mir klar, als ich mich einmal umsah, dass ich von Menschen umgeben war, die genauso lebten wie ich.

Das Leben ist recht angenehm, wenn du dich von den Menschen trennst, die anders sind als du. Das spiegelte wider, wie mein Leben damals aussah: gekennzeichnet von Bequemlichkeit. Aber Gott beruft uns in der Nachfolge nicht zur Bequemlichkeit. *Er fordert uns auf, ihm so vollkommen zu vertrauen, dass wir uns nicht davor fürchten, uns in eine Situation zu begeben, in der wir große Schwierigkeiten hätten, wenn er nicht eingreifen würde.*

Obwohl das Kapitel Jesaja 58 vor Tausenden von Jahren geschrieben wurde, treffen diese Worte in machtvoller Weise auf die heutige Zeit zu. Ich weiß, es ist ein langer Text, aber ich verspreche dir, es lohnt sich, ihn zu lesen.

> Sie suchen mich Tag für Tag und begehren, meine Wege zu kennen, wie ein Volk, das Gerechtigkeit geübt und das Recht seines Gottes nicht verlassen hat; sie verlangen von mir gerechte

Urteile, begehren die Nähe Gottes: „Warum fasten wir, und du siehst es nicht, warum kasteien wir unsere Seelen, und du beachtest es nicht?"

Seht, an eurem Fastentag geht ihr euren Geschäften nach und treibt alle eure Arbeiter an! Siehe, ihr fastet, um zu zanken und zu streiten und dreinzuschlagen mit gottloser Faust; ihr fastet gegenwärtig nicht so, dass euer Schreien in der Höhe Erhörung finden könnte. Meint ihr, dass mir ein solches Fasten gefällt, wenn der Mensch sich selbst einen Tag lang quält und seinen Kopf hängen lässt wie ein Schilfhalm und sich in Sacktuch und Asche bettet? Willst du das ein Fasten nennen und einen dem Herrn wohlgefälligen Tag?

Ist nicht das ein Fasten, an dem ich Gefallen habe: dass ihr ungerechte Fesseln losmacht, dass ihr die Knoten des Jochs löst, dass ihr die Unterdrückten freilasst und jegliches Joch zerbrecht? Besteht es nicht darin, dass du dem Hungrigen dein Brot brichst und arme Verfolgte in dein Haus führst, dass, wenn du einen Entblößten siehst, du ihn bekleidest und dich deinem eigenen Fleisch nicht entziehst? Dann wird dein Licht hervorbrechen wie die Morgenröte, und deine Heilung wird rasche Fortschritte machen; deine Gerechtigkeit wird vor dir hergehen, und die Herrlichkeit des Herrn wird deine Nachhut sein! Dann wirst du rufen, und der Herr wird antworten; du wirst schreien, und er wird sagen: Hier bin ich!

Wenn du das Joch aus deiner Mitte hinwegtust, das [höhnische] Fingerzeigen und das unheilvolle Reden; *wenn du dem Hungrigen dein Herz darreichst* und die verschmachtende Seele sättigst — dann wird dein Licht in der Finsternis aufgehen, und dein Dunkel wird sein wie der Mittag! Der Herr wird dich ohne Unterlass leiten und deine Seele in der Dürre sättigen und deine Gebeine stärken; du wirst sein wie ein wohlbewässerter Garten und wie eine Wasserquelle, deren Wasser niemals versiegen. Und die aus dir [hervorgehen,] werden die Trümmer der Vorzeit wieder aufbauen, du wirst die Grundmauern früherer Geschlechter wieder aufrichten; und man wird dich nennen „Der die Breschen vermauert und die Straßen wiederherstellt, damit man [dort] wohnen kann".

Wenn du am Sabbat deinen Fuß zurückhältst, dass du nicht an meinem heiligen Tag das tust, was dir gefällt; wenn du den Sabbat deine Lust nennst und den heiligen [Tag] des Herrn ehrenwert; wenn du ihn ehrst, sodass du nicht deine Gänge erledigst und nicht dein Geschäft treibst, noch nichtige Worte redest; dann wirst du an dem Herrn deine Lust haben; und ich will dich über die Höhen des Landes führen und dich speisen mit dem Erbe deines Vaters Jakob! Ja, der Mund des Herrn hat es verheißen.

Jesaja 58,2-14

Die Worte „wenn du dem Hungrigen dein Herz darreichst" in Vers 10 sind für mich noch herausragender als die beeindruckenden Verheißungen, die darauf folgen. Sie erinnern mich an das Gleichnis von den Talenten in

Matthäus 25, als die Knechte entsprechend den Talenten, die sie erhalten hatten, belohnt wurden. Es war anscheinend nicht wichtig, dass einer fünf Talente bekommen hatte und der andere zwei. Beide Knechte waren treu mit dem, was der Meister ihnen anvertraut hatte, und daraufhin wurden beide großzügig belohnt. In ähnlicher Weise wurden jedem von uns verschiedene Gaben und Talente von unserem Meister gegeben. Worauf es ankommt ist, dass wir das einsetzen, was wir bekommen haben, und nicht, wie viel wir im Vergleich zu anderen verdienen oder tun. Die Hauptsache ist, dass wir uns selbst „darreichen“: „Und nun, Kinder, bleibt in ihm, damit wir Freimütigkeit haben, wenn er erscheint, und uns nicht schämen müssen vor ihm bei seiner Wiederkunft“ (1. Johannes 2,28).

KAPITEL 8

Steckbrief eines ganzen Christen

Jesus gehören: *Wenn ein Mensch innerlich von ihm völlig geleitet und intensiv ergriffen ist.*

Der Gedanke an Zurückhaltung kommt sicherlich nicht aus der Heiligen Schrift. Die Bibel lehrt uns, wir sollen vollkommen von Christus vereinnahmt sein und treu gemäß seines Wortes leben. Der Heilige Geist bewirkt in uns Freude und Frieden, wenn wir uns auf Jesus konzentrieren, im Glauben leben und uns auf das ewige Leben ausrichten. Mit folgenden Merkmalen lassen sich „ganze Christen“ beschreiben:

Die Liebenden

Manchmal scheint mir, wir bilden uns ein, die Menschen würden bemerken, dass wir Christen sind, wenn wir nur nett zu anderen sind, und dass sie dann mehr von Jesus wissen wollen. Aber so funktioniert das absolut nicht. Ich kenne viele Leute, die Christus nicht kennen und wirklich nette Menschen sind – sogar netter und fröhlicher als viele Christen, die ich kenne.

Unser Glaube muss mehr beinhalten als Freundlichkeit, Höflichkeit und mehr sogar als Liebenswürdigkeit. Jesus lehrt uns im Lukasevangelium: „Und wenn ihr liebt, die euch lieben, was für einen Dank erwartet ihr dafür? Denn auch die Sünder lieben die, welche sie lieben. Und wenn ihr denen Gutes tut, die euch Gutes tun, was für einen Dank erwartet ihr dafür? Auch die Sünder tun dasselbe. Und wenn ihr denen leiht, von welchen ihr wieder zu empfangen hofft, was für einen Dank erwartet ihr dafür? Auch die Sünder leihen den Sündern, um das Gleiche wieder zu empfangen. Vielmehr liebt eure Feinde und tut Gutes und leiht, ohne etwas dafür zu erhoffen; so wird euer Lohn groß sein, und ihr werdet Söhne des Höchsten sein, denn er ist gütig gegen die Undankbaren und Bösen. Seid nun barmherzig, wie auch euer Vater barmherzig ist“ (Lukas 6,32-36).

Wahrer Glaube ist, wenn du einen Menschen noch dann liebst, nachdem er dich verletzt hat. Wahre Liebe unterscheidet dich von der Masse. Im Oktober 2006 stürmte ein Mann eine Schule der Amish in der Nähe von Lancaster in Pennsylvania und tötete mehrere Mädchen. Am Tag nach der Schießerei besuchten viele Amish-Leute die Familie des Schützen, um mitzuteilen, dass sie ihm vergeben hatten. Diese Art der Vergebung ist für die Welt unverständlich. Deshalb wurde den Familien sogar vorgeworfen, sie seien schlechte Eltern, sie würden nicht vernünftig mit ihrem Zorn umgehen und die Augen vor der Wahrheit verschließen.

Das ist genau die Art von Liebe, die in den Augen der Welt übermenschlich scheint. Wahre Liebe, wie man sie nur bei Christus findet. Uns gilt das Gebot, unsere Feinde zu lieben und ihnen Gutes zu tun. Wer sind denn unsere Feinde? Oder anders ausgedrückt: Wer sind die Menschen, die du meidest oder die dich meiden? Wer sind die Menschen, die dich, deine Freunde oder deine Kinder verletzen? Bist du bereit, diesen Leuten etwas Gutes zu tun und ihnen die Hand zu reichen?

Oft ist meine erste Reaktion, wenn jemand mir – oder noch schlimmer, meiner Frau oder einem meiner Kinder – etwas antut, Vergeltung. Ich *will* solche Leute nun mal nicht segnen, die mich oder die Menschen, die ich herzlich liebe, verletzen. Ich würde jemandem keinesfalls vergeben *wollen*, der in die Schule meiner Tochter eindringt und sie und ihre Freunde erschießt.

Aber genau das erwartet Jesus von uns. Er gebietet uns zu geben, ohne irgendetwas zurückzuerwarten. Weiter hinten im Lukasevangelium sagt Jesus: „Wenn du ein Mittags- oder Abendmahl machst, so lade nicht deine Freunde noch deine Brüder noch deine Verwandten noch reiche Nachbarn ein, damit nicht etwa auch sie dich wieder einladen und dir vergolten wird; sondern wenn du ein Gastmahl machst, so lade Arme, Krüppel, Lahme, Blinde ein, so wirst du glückselig sein; denn weil sie dir nicht vergelten können, wird es dir vergolten werden bei der Auferstehung der Gerechten“ (Lukas 14,12-14).

Hast du eigentlich schon mal etwas in der Art getan? Gibst du den Menschen, die dir nichts zurückgeben können? Denen, die dir Schaden zufügen würden, wenn sie könnten? Denen, die dir bereits geschadet haben? Das ist die Liebe Jesu. Er gab uns etwas, das wir ihm niemals zurückzahlen können, und dann bittet er uns, so zu geben, wie er es tut.

Frederick Buechner schreibt in seinem Buch *The Magnificent Defeat* (dt. „Die glorreiche Niederlage“):

„Wenn sich Gleichgestellte lieben, ist das menschlich – von Freund zu Freund, von Bruder zu Bruder. Es bedeutet, das zu lieben, was liebenswert und angenehm ist. Die Welt lächelt uns zu. Die Liebe zu den weniger Glücklichen ist ein sozial anerkanntes Anliegen – Hinwendung an Menschen, die leiden, die arm oder krank sind, für die Versager, die Unliebsamen. Das ist Barmherzigkeit, wie sie selbst die Welt erwartet. Die Liebe für die mehr Begünstigten– die zu lieben, die in Bereichen erfolgreich sind, wo wir versagen, oder sich neidlos mit denen zu freuen, die glücklich sind. Es gibt beispielsweise eine Liebe des Armen für den Reichen, des Schwarzen für den Weißen. Die Welt wird immer von ihren Heiligen verwirrt. Und dann ist da noch die Liebe für die Feinde – die Liebe für die Menschen, die dich nicht lieben, sondern verspotten, dir drohen und Schmerzen verursachen. Die Liebe des Gepeinigten für seinen Peiniger. Das ist wahre Liebe aus Gott. Eine solche radikale Zuwendung an alle Menschen in jeder Situation muss die Welt erobern."

Ein Mensch, der ganz Jesus gehört,
gibt großzügig und ungeniert,
ohne zu zögern.
Er liebt selbst die Menschen,
die ihn hassen und die keine Liebe
zurückgeben können.

Die Risikobereiten

Haben wir nicht alle schon mal so gebetet: „Herr, gib uns Schutz auf der Reise! Gib, dass niemand auf dieser Reise verletzt wird. Bitte bewahre jeden, bis wir zurückkehren, und sorge für eine sichere Heimreise. In Jesu Namen, Amen." Die Worte unterscheiden sich vielleicht etwas, aber das ist ein Standardgebet, das wir aufsagen, bevor wir in die Mission, zu Freizeiten und auf Urlaubs- und Geschäftsreisen aufbrechen.

Alles dreht sich bei uns um Sicherheit. Tatsächlich sind wir regelrecht besessen davon. Nun, ich sage nicht, dass es falsch ist, um Gottes Schutz zu bitten, aber ich frage, inwiefern wir unsere eigene Sicherheit zu unserer höchsten Priorität gemacht haben. Wir haben unsere Sicherheit überhöht, bis wir dem, was immer Gott als Bestes für uns hat, keine Beachtung mehr geschenkt haben. So sehr, dass wir das, was Gott am meisten ehren würde und was immer seine Ziele in unserem Leben und in der Welt verwirklichen helfen würde, vernachlässigt haben. Bist du bereit, dieses Gebet einmal so zu sprechen: *Gott, bringe mich näher zu dir auf dieser Reise, egal, was dazu nötig ist …?*

Ein Mensch, der ganz Jesus gehört, setzt nicht seine eigene Sicherheit und Bequemlichkeit über alles andere. Er sorgt sich viel mehr um das Reich Gottes auf dieser Erde als darum, sein eigenes Leben vor Schmerz und Elend zu beschützen.

Jedermanns Freunde

Vor einiger Zeit hatte ich einen freien Abend. Also beschloss ich, ein paar Dinge einkaufen zu gehen, die ich an Menschen weitergeben wollte, die sie mehr benötigten als ich. Das war ein guter Gedanke. Das ist eine Sache, von der ich mir wünsche, dass sie mein Leben mehr und mehr kennzeichnet.

Aber es wurde eine eher peinliche Angelegenheit. Mir wurde an diesem Abend nämlich klar, das jeder meiner Bekannten selbst genug hatte, und ich kaum jemanden wusste, der wirklich in Not war, und dass ich das ändern musste. Ich musste also losgehen und gezielt Menschen treffen, die nicht so lebten oder dachten wie ich, Menschen, die mir niemals etwas zurückzahlen könnten. Um ihretwillen, aber auch genauso um meinetwillen.

Diese Verse aus dem ersten Timotheusbrief bestätigen, dass wir uns nicht von Geld beherrschen lassen und auch nicht danach trachten sollen: „Es ist allerdings die Gottesfurcht eine große Bereicherung, wenn sie mit Genügsamkeit verbunden wird. Denn wir haben nichts in die Welt hineingebracht, und es ist klar, dass wir auch nichts hinausbringen können. Wenn wir aber Nahrung und Kleidung haben, soll uns das genügen! Denn die, welche reich werden wollen, fallen in Versuchung und Fallstricke und viele törichte und schädliche Begierden, welche die Menschen in Untergang und Verderben stürzen. Denn die Geldgier ist eine Wurzel alles Bösen; etliche, die sich ihr hingegeben haben, sind vom Glauben abgeirrt und haben sich selbst viel Schmerzen verursacht. Du aber, o Mensch Gottes, fliehe diese Dinge, jage aber nach Gerechtigkeit, Gottesfurcht, Glauben, Liebe, Geduld, Sanftmut! Kämpfe den guten Kampf des Glaubens; ergreife das ewige Leben, zu dem du auch berufen bist und worüber du das gute Bekenntnis vor vielen Zeugen abgelegt hast“ (1. Timotheus 6,6-12).

Ein Nachfolger Jesu lebt sein Leben so, dass es auf die eine oder andere Weise mit den Armen verbunden ist. Er glaubt, dass Jesus deshalb so oft über Geld und über die Armen sprach, weil es ihm wirklich wichtig war.

(1. Johannes 2,4-6; Matthäus 16,24-26)

Die Freaks

Wenn ich manchmal Entscheidungen treffe, die auch nur entfernt biblisch sind, merke ich, wie Leute, die sich Christen nennen, die Ersten sind, die mich kritisieren und sagen, ich sei doch ein Spinner, ich nähme die Bibel zu wörtlich oder ich würde nicht an das Wohlergehen meiner Familie denken.

Als ich zum Beispiel von meiner ersten Reise nach Afrika zurückkehrte, spürte ich sehr deutlich, dass wir unser Haus verkaufen und uns etwas Kleineres suchen sollten, damit wir mehr geben konnten. Die Reaktionen darauf gingen alle in diese Richtung: „Das ist unfair deinen Kindern gegenüber“ oder „Das ist keine vernünftige Entscheidung“ und „Das machst du nur, um aufzufallen“. Ich erinnere mich an keine einzige Person, die mich ermutigte, und an niemanden, der diese Entscheidung damals unterstützte.

Schließlich zogen wir in ein Haus, das etwa halb so groß war wie das vorige, und wir bereuten das nie. Meine Antwort an die Zyniker, im Hinblick auf die Ewigkeit, war folgende: Bin ich blöd, weil ich mein Haus verkauft habe? Oder bist *du* nicht der Narr, weil du nicht mehr gegeben, mehr gedient und nicht mehr Zeit mit deinem Schöpfer verbracht hast?

Wenn jemand den Tag damit „vergeudet", viele Stunden mit Gott zu verbringen, und ein anderer glaubt, er sei zu beschäftigt oder hätte etwas Besseres zu tun, als den Schöpfer und Versorger anzubeten, wer von beiden ist dann wohl der Spinner? Wenn jemand seinen Besitz in die Armen investiert – was laut Matthäus 25 dasselbe ist, wie Jesus selbst zu geben – und der andere modernisiert aufwendig seine vergängliche Wohnstätte, die nicht viel länger hält, als die wenigen Jahre, die er noch auf dieser Erde hat, wer hat dann wohl auf Sand gebaut?

Wenn Menschen mit Freuden ihre Zeit, ihren Komfort oder ihr Zuhause aufgeben, dann ist es offensichtlich, dass sie auf die Verheißungen des Herrn vertrauen. Wie kommt es, dass die Geschichte von jemandem, der tatsächlich tat, was Jesus geboten hat, uns innerlich tief berührt, wir aber gleich davon ausgehen, dass wir nie etwas so Radikales oder Einschneidendes tun könnten? Oder warum bezeichnen wir es als radikal, wenn es für Jesus doch einfach ganz normal ist? So wie es sein sollte?

Ein Mensch, der ganz Jesus gehört, kümmert sich mehr darum, Gott zu gehorchen, als das zu tun, was andere von ihm erwarten oder als einfach nur einen gegenwärtigen Zustand beizubehalten. Ein Mensch mit Jesus tut Dinge, die hinsichtlich des Erfolgs oder Wohlstands auf dieser Erde nicht immer einen unmittelbaren Sinn ergeben. Oder wie Martin Luther es ausdrückte: „In meinem Kalender gibt es nur zwei Tage: diesen Tag und den letzten Tag."

(Lukas 14,25-35, Matthäus 7,13-23, Matthäus 8,18-22, Offenbarung 3,1-6)

Die Demütigen

Christliche Gemeinden in Amerika lieben es, einzelne Gläubige zu Stars und die Geschichten von Menschen bekannt zu machen, die in irgendeiner Weise Christus beispielhaft gedient haben. Und das allein bewirkt schon viel Gutes. Wir werden uns sogar im nächsten Kapitel einige Beispiele von gläubigen Menschen näher ansehen. Aber so etwas kann auch tragische Folgen haben: Zu viele dieser Menschen fallen auf die Anerkennung herein, die sie bekommen, und beginnen zu glauben, sie seien wirklich etwas Besonderes.

Vor ein paar Jahren sprach ich auf einer Sommerfreizeit. Hinterher sagten mir einige Studenten, ich sei ihr „Lieblingssprecher". Es tat gut, als sie darüber sprachen, wie witzig und überführend meine Botschaften waren. Ich liebte das. Ich ging zurück in mein Zimmer und dankte Gott, dass er mir geholfen hatte, so gut zu sprechen. Nachdem ich etwa drei Minuten gebetet hatte, hörte ich auf. Mir wurde schlagartig klar, dass die Studenten von *mir* geredet hatten, und nicht von Gott. Ich stand vor einem heiligen Gott und beraubte ihn der Ehre, die rechtmäßig ihm gehörte. Das war eine ungute Situation, in der ich mich nun befand. Gott sagt: „Ich bin der Herr, das ist mein Name; und ich will meine Ehre keinem andern geben, noch meinen Ruhm den Götzen!" (Jesaja 42,8). Mir wurde sofort klar, dass alle Aufmerksamkeit, die ich bekam, Gott zustand.

Um es klar und deutlich zu sagen: Es ist Stolz, der mich davon abhält, Gott die ganze Ehre zu geben, und dass ich etwas von dieser Ehre für mich behalte. Diesen Kampf fechten wir alle in der einen oder anderen Weise aus, manche von uns täglich oder sogar stündlich.

Eine Methode, die ich kenne, um Hochmut zu bekämpfen, ist zielgerichtetes Gebet. Damit meine ich, dass du dir eine Minute Zeit nimmst, bevor du auch nur ein einziges Wort an Gott richtest, und dir mal genau vorstellst, wie es wäre, vor seinem Thron zu stehen, während du betest. Erinnere dich an die Visionen von Johannes in der Offenbarung und an die von Jesaja. Erinnere dich an die vielen Berichte, die es gibt, von Menschen, die wirklich in die Gegenwart Gottes kamen – immer war die Wirkung die, dass die Menschen vor Ehrfurcht auf ihr Angesicht fielen. Und dann erst fang an zu beten.

Ein Jünger Jesu weiß, dass das Vorgehen gegen die Sünde des Hochmuts immer Kampf bedeutet. Er weiß, dass er niemals „demütig genug" sein kann. Auf jeden Fall trachtet er nicht danach, sich selbst bekannt zu machen, sondern Jesus.

(Matthäus 6,16)

Die Diener

Wie ich bereits in den Kapiteln zuvor vermittelte, wurde ich früher von meiner Furcht vor Gott angetrieben. Ich arbeitete hart, um zu beweisen, wie hingegeben an Gott ich war. Auch jetzt habe ich eine ausgesprochene Ehrfurcht vor Gott, aber sie allein ist nicht mehr meine Motivation. Jetzt arbeite ich hart, um ihm zu *dienen*, aber nicht, um meine Hingabe zu beweisen.

Heute glaube ich, dass ich wirklich verliebt bin. Vielleicht klingt das etwas kitschig für dich, aber mir fällt kein passenderer Ausdruck dafür ein. Wenn ein junger Mann mit meiner Tochter ausgehen würde, er aber kein Geld für Benzin ausgeben wollte, um sie abzuholen, oder sich weigerte, sie zum Essen einzuladen, weil es zu viel kostete, dann würde ich infrage stellen, ob er wirklich in sie verliebt ist. Genauso hinterfrage ich, ob viele Kirchgänger wirklich in Gott verliebt sind, weil sie nämlich so zurückhaltend sind, irgendetwas für ihn zu tun.

Ein Mensch, der Jesus kennt, betrachtet es nicht als Last zu dienen. Er erfreut sich daran, Gott zu lieben, indem er sein Volk liebt.
(Matthäus 13,44; Johannes 15,8)

Die Geber

Es macht mich traurig, wenn ich an manche in Gottes Volk denke, die ich die letzten Jahre getroffen habe: Es sind Menschen mit Familien, mit Träumen, Menschen, die ebenso nach Gottes Ebenbild geschaffen wurden wie du und ich. Und diese Menschen leiden.

Viele von ihnen sind krank, manche liegen sogar im Sterben, weil sie ihr Leben in Behausungen zubringen, die wir nicht einmal unseren Haustieren zumuten würden. Ich übertreibe nicht. Ein großer Teil ihrer täglichen Mühsal und Not könnte durch die Versorgung mit Nahrung, sauberem Wasser, Kleidung, geeigneter Unterkunft oder medizinischer Hilfe gelindert werden.

Ich glaube, Gott möchte, dass sein Volk, die Gemeinde, diesen Nöten abhilft. Die Schrift ist voller Gebote und Hinweise, dass wir uns um die

Armen und um die Menschen kümmern sollen, die sich selbst nicht helfen können. Das Erstaunliche an Gottes Herzenswunsch ist, dass er uns nicht einfach *nur* darum bittet zu geben. Sein Wunsch ist es, dass wir die Notleidenden *so sehr lieben wie uns selbst.* Das ist die Kernaussage des zweitgrößten Gebots: „Du sollst deinen Nächsten lieben wie dich selbst" (Matthäus 22,39).

Er erwartet von dir, dass du so liebst, wie du selbst geliebt werden willst, wenn es dein Kind wäre, das durch das Trinken von verseuchtem Wasser blind wurde. So zu lieben, wie du selbst geliebt werden willst, wenn du die obdachlose Frau wärst, die vor dem Café sitzt. So zu lieben, als ob es deine eigene Familie wäre, die in dieser Hütte lebt, die aus Pappkarton und Schrottteilen zusammengebastelt wurde.

Nichtkirchgänger neigen dazu, die Christen eher als Nehmer zu sehen, und nicht als Geber. Wenn Christen sich aufopfern und rückhaltlos den Armen geben, dann ist das wirklich ein Licht, das aufleuchtet. Die Bibel lehrt, dass die Gemeinde dieses Licht sein soll, das Zeichen der Hoffnung in einer zunehmend finsteren und hoffnungslosen Welt. In Matthäus 5, Vers 16 heißt es: „So soll euer Licht leuchten vor den Leuten, dass sie eure guten Werke sehen und euren Vater im Himmel preisen."

Einen Menschen, der Jesus ganz gehört, kennt man als Geber, nicht als Nehmenden. Er glaubt aufrichtig, dass andere genauso wichtig sind wie er selbst, und er hat ein besonderes Augenmerk auf die Armen dieser Welt.

(Jakobus 2,14-26)

Die Gäste

Die meisten Amerikaner, und ganz besonders wir hier in Südkalifornien, denken viel zu viel an das Leben auf dieser Erde. Viel von unserer Zeit, unserer Energie und unserem Geld fließt in vergängliche Dinge. Paulus schreibt: „Denn viele wandeln, wie ich es euch oft gesagt habe und jetzt auch weinend sage, als Feinde des Kreuzes des Christus; ihr Ende ist das Verderben, ihr Gott ist der Bauch, sie rühmen sich ihrer Schande, sie sind irdisch gesinnt. Unser Bürgerrecht aber ist im Himmel, von woher wir auch den Herrn Jesus Christus erwarten als den Retter, der unseren Leib der Niedrigkeit umgestalten wird, sodass er gleichförmig wird seinem Leib der Herrlichkeit, vermöge der Kraft, durch die er sich selbst auch alles unterwerfen kann" (Philipper 3,18-21).

Wie ich bereits weiter oben erwähnte, war Clara, die Großmutter meiner Frau, das lebendige Beispiel eines Menschen, der völlig von Jesus vereinnahmt ist. Einmal besuchte ich zusammen mit meiner Frau und einigen Verwandten, einschließlich Großmutter Clara, ein Theaterstück. In der Pause lehnte ich mich zu ihr hinüber und fragte sie, wie ihr denn das Stück gefiele. Sie sagte: „Ach, mein Lieber, ich möchte jetzt überhaupt nicht hier sein." Als ich sie fragte wieso, antwortete sie: „Ich weiß nicht, ob das der Ort ist, an dem ich sein möchte, wenn Christus wiederkommt. Ich würde viel lieber jemandem helfen oder wäre auf meinen Knien, um zu beten. Ich möchte nicht, dass er mich hier im Theater vorfindet, wenn er wiederkommt."

Ich war schockiert von dieser Antwort. Natürlich sind wir aufgerufen, zu „wachen" (siehe Matthäus 24,42), aber es ist sonderbar, wenn man jemandem begegnet, der dieses Gebot, und viele andere auch, wirklich ernst nimmt. Eigentlich ist es mehr als sonderbar – es ist beschämend und überführend.

Ein Mensch, der Jesus ganz gehört,
denkt ständig an den Himmel. Er richtet
sein Leben nach der Ewigkeit aus.
Er ist nicht auf das fixiert,
was vor seinen Augen ist.

Die Beschlagnahmten

Jesus erfand das größte Gebot nicht einfach so aus dem Nichts. Er hörte die Worte, die Gott ganz am Anfang, zu Moses Zeiten, zu seinem Volk sprach: „Höre Israel, der Herr ist unser Gott, der Herr allein! Und du sollst den Herrn, deinen Gott, lieben mit deinem ganzen Herzen und mit deiner ganzen Seele und mit deiner ganzen Kraft. Und diese Worte, die ich dir heute gebiete, sollst du auf dem Herzen tragen, und du sollst sie deinen Kindern einschärfen und davon reden, wenn du in deinem Haus sitzt oder auf dem Weg gehst, wenn du dich niederlegst und wenn du aufstehst; und du sollst sie zum Zeichen auf deine Hand binden, und sie sollen dir zum Erinnerungszeichen über den Augen sein; und du sollst sie auf die Pfosten deines Hauses und an deine Tore schreiben" (5. Mose 6,4-9).

In Moses Generation wurde das Herz als der Sitz der Gefühle eines Menschen angesehen, als das Innerste seines Wesens, als der Ort, wo Entscheidungen getroffen werden. Die Seele war der Ausgangspunkt für die Eigenschaften und Vorzüge eines Menschen, oder auch für seine Persönlichkeit. Das Wort Kraft bezieht sich auf die körperliche, seelische *und* geistige Kraft.

Also spricht das Gebot, Gott mit „deinem ganzen Herzen und mit deiner ganzen Seele und mit deiner ganzen Kraft“ zu lieben, den Menschen mit jeder Faser seines Daseins an. Unser Ziel als Menschen, die Christus nachfolgen, sollte kein Geringeres sein, als zu Menschen zu werden, die völlig verliebt in Gott sind.

Ein Nachfolger Jesu zeichnet sich durch eine hingegebene, beständige und leidenschaftliche Liebe für Gott aus, die über allen anderen Dingen und allen anderen Lebewesen steht.

Die Verletzlichen

Bevor meine Frau und ich heirateten, wusste ich, dass ich ihr alles über mich mitteilen musste. Alles, was ich bisher vermasselt hatte, alles, was ich angestellt hatte. Sie sollte wissen, wen sie bekam, bevor sie einwilligte, mich zu heiraten. Dieses Gespräch war nicht einfach, aber letztendlich entschieden wir uns immer noch dafür, zusammenzubleiben und unser Leben einander zu widmen.

Ich merke oft, dass ich mich Gott gegenüber anders verhalte. Wenn ich bete, formuliere ich meine Sätze oft so, dass sie sich besser anhören. Ich versuche dann, meine Sünden abzuschwächen oder meine wahren Gefühle zu beschönigen, ehe ich sie Gott hinlege. Wie dumm ist es doch von mir, mit meiner Frau vollkommen ehrlich über meine Unzulänglichkeiten zu sein, aber dann zu versuchen, Gott zu täuschen!

Gott möchte, dass wir offen zu ihm sind. Er möchte ganz bestimmt nicht, dass wir unsere „Armseligkeit würzen", wie wir es mit einem Stück rohem Fleisch tun würden. Er weiß, wie wir sind, er weiß, dass wir schrecklich sind und dass wir alles tun, um uns besser zu fühlen. Gott wünscht sich wahre Vertrautheit mit jedem von uns. Und die entsteht nur, wenn wir ihm so weit vertrauen, dass wir ihm gegenüber vollkommen durchschaubar und verletzlich machen.

Ein Mensch, der Jesus gehört, ist offen und ehrlich mit Gott. Er versucht nicht, die Hässlichkeit seiner Sünden oder seines Versagens zu verschleiern. Ein solcher Mensch macht Gott nichts vor. Gott ist für ihn ein Ort der Sicherheit, wo er mit sich und ihm im Reinen ist.

Die Verwurzelten

In den Vereinigten Staaten verbringt der Durchschnittschrist zehn Minuten am Tag mit Gott. Gleichzeitig verbringt der Durchschnittsamerikaner über fünf Stunden am Tag vor dem Fernseher.[15] Vielleicht ist Fernsehen nicht so dein Ding – vielleicht besitzt du nicht einmal einen. Aber wie steht es mit deiner Zeit und deinem Besitz? Wie viel von deinem Geld gibst du für dich selbst aus und wie viel fließt ins Reich Gottes? Wie viel von deiner Zeit verbringst du damit, dich um dein Leben und deine

Ziele zu kümmern und wie viel widmest du dem Ziel und den Absichten Gottes?

Gott möchte keine religiösen Pflichtübungen. Er möchte nicht, dass wir ihm halbherzig begegnen und uns ablenken lassen – nach dem Motto: „Na schön, ich lese ein Kapitel … bist du jetzt zufrieden?" Gott möchte, dass sein Wort uns Freude bereitet, und zwar so sehr, dass wir Tag und Nacht darüber nachdenken. In Psalm 1 verheißt er jedem, der das tut: „Der ist wie ein Baum, gepflanzt an Wasserbächen, der seine Frucht bringt zu seiner Zeit, und seine Blätter verwelken nicht, und alles, was er tut, gerät wohl" (Psalm 1,3).

Ein Mensch, der Gott ganz gehört, hat eine innige Beziehung zu ihm. Er ernährt sich den ganzen Tag über vom Wort Gottes, denn er weiß, dass die vierzig Minuten am Sonntag nicht ausreichen, um ihn die ganze Woche hindurchzutragen. Besonders, weil wir so vielen Ablenkungen und anderslautenden Botschaften ausgesetzt sind.

Die Hingegebenen

Warst du in deinem Leben schon einmal in einer richtig guten körperlichen Verfassung? Wenn du heute nicht mehr auf demselben Level bist, dann weißt du, dass es nicht „einfach so" geschah. Du hast deinen

Waschbrettbauch oder die Fähigkeit, 15 Kilometer zu laufen, nicht über Nacht verloren. Du hast aufgehört, regelmäßig zu laufen oder drei Mal die Woche Gewichte zu heben, und damit angefangen, ein paar Extrakugeln Eis in deinen Becher zu häufen. Es gibt Gründe, warum wir so sind, wie wir sind, und die sind nicht zufallsbedingt.

Genauso ist es mit der Freude in unserem Leben. Wir neigen dazu, Freude als etwas anzusehen, das einfach kommt und geht, abhängig von den Lebensumständen. Aber wir verlieren nicht einfach so unsere Freude, als ob wir sie an einem Tag haben und am nächsten ist sie eben weg, verflixt noch mal! Freude ist etwas, für das wir uns entscheiden müssen und woran wir dann arbeiten. Die Fähigkeit, eine Stunde lang zu laufen, kommt auch nicht automatisch. Man muss es sich erarbeiten.

Wenn das Leben schmerzhaft wird oder Dinge nicht so laufen, wie wir es erhofften, dann ist es völlig in Ordnung, wenn etwas von dieser Freude verloren geht. Die Bibel lehrt uns, dass wahre Freude inmitten der schwierigen Zeiten unseres Lebens entsteht.

Ein Mensch, der Jesus nachfolgt, kümmert sich mehr um seinen Charakter als um seine Bequemlichkeit. Er weiß, dass wahre Freude nicht von Umständen und der Umgebung abhängig ist. Es ist eine Gabe, die erwählt und kultiviert werden muss, eine Gabe, die letztendlich aus Gott kommt.

(Jakobus 1,2-4)

Die Opferbereiten

Wir dürfen nicht anfangen, zu glauben, wir wären für Gott unentbehrlich. „Ich will keinen Stier aus deinem Haus nehmen, keine Böcke aus deinen Hürden; denn mir gehören alle Tiere des Waldes, das Vieh auf tausend Bergen. Ich kenne alle Vögel auf den Bergen, und was sich auf dem Feld regt, ist mir bekannt. Wenn ich hungrig wäre, so würde ich es dir nicht sagen; denn mir gehört der Erdkreis und was ihn erfüllt … Opfere Gott Dank und erfülle dem Höchsten deine Gelübde" (Psalm 50,9-12,14).

Es ist für uns unmöglich, Gott etwas zu geben oder etwas hinzuzufügen. Er hat alles und ist schon vollkommen. Wenn wir in der Gegenwart Gottes sind, können wir ihn nur preisen. In Römer 11,35-36 heißt es: „Oder wer hat ihm etwas zuvor gegeben, dass es ihm wieder vergolten werde? Denn von ihm und durch ihn und für ihn sind alle Dinge; ihm sei die Ehre in Ewigkeit! Amen."

Ein Nachfolger Jesu weiß, dass es das Beste ist, seinem Erlöser in jedem Bereich seines Lebens treu zu sein und Gott beständig Dank zu sagen. Ein von Gott ergriffener Mensch weiß, dass niemals eine Vertrautheit entstehen kann, wenn er immer versucht, Gott etwas zurückzuzahlen, oder hart daran arbeitet, „würdig" zu sein. Er genießt vielmehr seine Rolle als ein Kind und Freund Gottes.

Diese Beschreibungen sind alle zusammen nicht unbedingt die Antwort darauf, wie man vollkommen hingegeben an Gott lebt. Sie stellen nur einen wichtigen Teil des Puzzles dar. Ich hoffe, du beginnst damit, zu beten und dir auszumalen, wie das in deinem Leben aussehen könnte.

KAPITEL 9

Angespornt zu guten Werken

„Seid meine Nachahmer, gleichwie auch ich (Nachahmer) des Christus bin!"

1. Korinther 11,1

Die folgenden Geschichten sind wahr. Sie berichten von Menschen, die danach strebten, in vollkommener Hingabe an Gott zu leben. Manche leben heute noch, andere haben ihren Lauf vollendet. Ihre beispielhaften Geschichten sind sehr unterschiedlich, aber jede trägt das Kennzeichen eines Menschen, der durch die Schönheit und Gegenwart der Liebe Gottes und durch die Führung des Heiligen Geistes eindeutig verändert wurde.

In seinem Brief an die Gemeinde zu Sardes sagt Jesus: „Du hast den Namen, dass du lebst, und bist doch tot. Werde wach und stärke das Übrige, das im Begriff steht zu sterben … Doch du hast einige wenige

Namen auch in Sardes, die ihre Kleider nicht befleckt haben; und sie werden mit mir wandeln in weißen Kleidern, denn sie sind es wert" (Offenbarung 3,1-2.4).

Jesus lobte die wenigen, die treu waren. Ebenso gibt es in jeder Generation einige Menschen, deren Beispiel nachahmenswert ist. Wird dein Name unter den wenigen sein, die diesem Beispiel gefolgt sind?

Nathan Barlow

Als Doktor der Medizin hatte Nathan sich entschieden, seine Fähigkeiten in Äthiopien einzusetzen – und das mehr als sechzig Jahre lang. Er widmete sein Leben den Menschen, die die sogenannte „Mossy Foot"-Krankheit haben. Die „Mossy Foot"-Krankheit ist ein zerstörerisches Leiden, das meist in ländlichen Gegenden bei Menschen auftritt, die Ackerboden vulkanischen Ursprungs bearbeiten. Es verursacht Schwellungen und Geschwüre an den Füßen und Unterschenkeln. Die darauffolgenden Missbildungen, Schwellungen, ständigen Vereiterungen und dadurch ausgelösten Begleitinfektionen machen die Menschen mit der „Mossy Foot"-Krankheit zu Ausgestoßenen der Gesellschaft, gleichzusetzen mit Leprakranken.[16]

Ich traf Nathan, kurz bevor er starb. Seine Tochter, Sharon Daly, ist Mitglied meiner Gemeinde, und sie holte ihn aus Äthiopien zu sich nach Hause, als seine Gesundheit nachließ. Bereits nach wenigen Wochen hielt er es in den Staaten nicht mehr aus. Die Menschen, die er liebte, waren noch immer in Äthiopien, also flog seine Tochter wieder mit ihm zurück, damit er seine letzten Tage dort verbringen konnte.

Einmal bekam Nathan so schlimme Zahnschmerzen, dass er von seiner Missionsstation weit weg fliegen musste, um selber medizinische Versorgung zu erhalten. Nathan teilte dem Zahnarzt mit, dass er nie wieder seine Missionsstation wegen seiner Zähne verlassen wollte, also ließ er sich von ihm alle Zähne ziehen und einen Zahnersatz machen, um dadurch nicht mehr das Werk Gottes in Äthiopien zu behindern.

Dieser erstaunliche Mann war der Erste, der diesen Ausgestoßenen half, und er verbrachte sein ganzes Leben damit. Dennoch starb er zurückgezogen, ohne viel Aufmerksamkeit. Man wusste nicht viel über ihn. Es überraschte mich, dass solch ein Mann Gottes trotz minimaler Anerkennung so viele Jahre lang treu diente. Es ist eine schöne Sache, so etwas mitzuerleben. Das Werk, das Nathan begann, wird noch immer weitergeführt. Näheres findest du auf seiner Website www.mossyfoot.com.

Simpson Rebbavarapu

Simpson bekam seinen englischen Namen, als er im Alter von vier Jahren in ein von Missionaren geführtes Waisenhaus gebracht wurde. Seine Eltern hatten ihm noch keinen Namen gegeben, was bei Kleinkindern in verarmten Familien der niederen Kasten Indiens keine Seltenheit ist.

Simpsons Mutter wurde bereits im Alter von dreizehn Jahren als Kinderbraut verheiratet. Eine Praxis, die in indischen Dörfern noch immer üblich ist. Simpson war ihr sechstes Kind, und die Frauen im Dorf hatten ihr Kräuter gegeben, um die Schwangerschaft zu beenden. Dann müsste sie nicht aufhören zu arbeiten und noch ein weiteres Kind durchfüttern. Aber die Kräuter wirkten nicht.

Andere im Dorf empfahlen ihr, die „Englische Medizin“ auszuprobieren. Aber als sie zum Arzt ging, um ihr Baby abtreiben zu lassen, war er an diesem Tag nicht zur Arbeit erschienen. Also wurde Simpson geboren. Später brachten ihn seine Eltern ins Waisenhaus, weil sie wussten, dass er dort ein besseres Leben haben würde, einschließlich der Chance auf eine Schulbildung.

Simpson glaubt, dass Gott schon immer seine Hand auf seinem Leben hatte, denn wäre es nach seiner Mutter gegangen, wäre er nie geboren worden. Momentan verbringt Simpson einen Teil seiner Zeit in einem

Waisenhaus, das er gründete, und den anderen Teil im evangelistischen Dienst, um durch Audiobibeln (Kassetten) den ungebildeten Dorfbewohnern das Wort Gottes zu bringen.

Wenn er gefragt wird, wie er denn lebt und woher er ein Gehalt bezieht, antwortet er in einer höchst einfachen und demütigen Art: „Ich lebe im Glauben … Ich habe keine Familie und keine Frau. Wozu brauche ich denn ein Gehalt?" Er unterstützt mit diesem Geld lieber ein weiteres Programm, um Menschen zu helfen, oder um noch mehr Menschen das Wort Gottes zu bringen.

Simpson sagt, wenn er so lebt, dann *muss* er Gott vertrauen, dass er seine Hand über sein Leben hält und sich auch weiterhin um ihn kümmert. Er sagt auch, dass diese Abhängigkeit ihn im Gebet und nahe bei Gott hält. Mehr Information darüber, was Simpson tut, findest du auf www.beumin.org.

Jamie Lang

Als Jamie dreiundzwanzig Jahre alt war, flog sie von den Vereinigten Staaten nach Tansania – mit 2.000 Dollar von ihrem Sparbuch. Sie hatte geplant, so lange zu bleiben, bis sie kein Geld mehr hatte, und dann wieder nach Hause zurückzukehren.

Jamie war von all der Not, der sie dort begegnete, völlig überwältigt. Also fing sie an zu beten, Gott möge ihr erlauben, im Leben eines Menschen eine radikale Veränderung zu bewirken. Nach etwa sechs Monaten traf sie ein achtjähriges Mädchen, das ein Baby auf dem Rücken trug. Jamie erfuhr, dass die Mutter des Babys Aids hatte und im Sterben lag. Sie war zu schwach, um für das Kind zu sorgen. Jamie kaufte daraufhin Babynahrung für Junio, den kleinen Jungen, um ihm die Nahrung zu geben, die er so dringend benötigte. Zu diesem Zeitpunkt war er etwa halb so groß wie ein gesundes Kind.

Jamie verliebte sich in das Baby Junio. Sie fragte sich, ob sie nicht ein wenig einfältig war – eine kaum vierundzwanzigjährige, alleinstehende weiße Amerikanerin, die mit dem Gedanken spielte, ein Baby zu adoptieren. Außerdem wusste sie nicht einmal, ob Tansania internationale Adoptionen erlaubte. Schließlich fand sie heraus, dass das Land *keine* internationalen Adoptionen genehmigte. Weil sie jedoch bereits seit sechs Monaten dort lebte, konnte sie sich einen Wohnsitz einrichten.

Bevor Junios Mama an Aids starb, kam sie zu Jamie und sagte: „Ich habe gehört, du kümmerst dich um meinen Sohn. Ich habe noch nie so eine Liebe erlebt. Ich möchte errettet werden." Kurz bevor sie starb, sagte sie: „Ich weiß, dass mein Sohn versorgt ist, und ich werde ihn eines Tages im Himmel wiedersehen."

Jamie verbrachte sechs Monate damit, die Adoptionsformalitäten zu erledigen, und dann noch weitere fünf Monate, um mithilfe der amerikanischen Botschaft ein Visum für Junio zu bekommen. Als sie schließlich zurückkehrte, war sie anderthalb Jahre lang von zu Hause weg gewesen.

Junio ist jetzt fünf Jahre alt, vollkommen gesund und HIV-negativ. Als Junios Mama mit ihm schwanger war, nahm sie in fortgeschrittener Schwangerschaft die „Pille danach", um ihn abzutreiben. Die Pille löste aber stattdessen vorzeitige Wehen aus, und weil Junio so winzig war, kam es während seiner Geburt nicht zu Blutungen. Dadurch infizierte er sich nicht mit HIV von seiner Mutter. Was eigentlich sein Leben beenden sollte, gebrauchte Gott, um es zu retten.

Jamie ist inzwischen verheiratet, hat selbst ein kleines Mädchen bekommen und zieht jetzt wieder mit ihrer Familie nach Tansania, um dort mit der Wycliff-Organisation zu arbeiten und Bibeln für eine Volksgruppe zu übersetzen, die noch nie etwas davon gehört hat.

Marva J. Dawn

Marva wurde 1948 in Ohio geboren. Die Wissenschaft ist ihr Leben und sie verdiente sich bereits vier Mastertitel und einen Doktortitel. Sie unterrichtet auch am Regent College in Vancouver, British Columbia, und arbeitet mit der Organisation *Christians Equipped for Ministry* (dt. „Christen ausgerüstet für den Dienst"). Marva schrieb viele Bücher, ist eine begabte Musikerin und spricht auf Konferenzen in der ganzen Welt zu Geistlichen.

Eines ihrer Bücher, *Unfettered Hope, A Call to Faithful Living in an Affluent Society* (dt. „Uneingeschränkte Hoffnung – Ein Aufruf zum treuen Leben in einer Wohlstandsgesellschaft"), handelt besonders davon, wie die Antwort eines Gläubigen auf die Herausforderungen unserer Kultur aussehen kann. Ihr Leben spiegelt ihre Überzeugung wider, dass scheinbar kleine Handlungen der Treue eine grundlegende und bedeutende Wirkung auf die Welt haben können. Sämtliche Erlöse ihrer Bücher fließen in Wohltätigkeitsorganisationen wie *Stand With Africa: A Campaign of Hope* (dt. „Hilfe für Afrika: Eine Aktion der Hoffnung"), die „afrikanische Kirchen und Gemeinden unterstützen, die gegen Aids und Hunger ankämpfen, und versuchen, Frieden zu stiften".[17]

Marva und ihr Mann leben von seinem Lehrergehalt, was nicht sehr viel ist. Trotz Marvas zahlreicher gesundheitlicher Probleme weigert sie sich, mehr Geld für sich zu nehmen. Sie kann sich nicht vorstellen, Geld auszugeben, um ihr Leben angenehmer zu machen, während überall auf der Welt so viele Menschen verzweifelt sind und sterben. Sie sagt, dass ihr VW Käfer, Baujahr 1980, mit der kaputten Heizung ihr dabei hilft, sich mehr aufs Gebet zu konzentrieren und sich besser mit den Menschen in Not zu identifizieren.

Rich Mullins

Rich wurde 1955 als drittes von sechs Kindern in Richmond, Indiana, geboren. Bereits in jungen Jahren begann er, Musik zu studieren und schrieb sein erstes Stück am Klavier, als er nur vier Jahre alt war. Rich wuchs in einer Quäkergemeinde auf, was auch seine Lieder beeinflusste. Anfangs schrieb er Lieder für bekannte Künstler, 1985 nahm er selbst sein erstes Album auf. In den nächsten zwölf Jahren machte er Musik, war auf Tournee und diente Tausenden Menschen mit seinen einfachen, doch tiefsinnigen Texten. Zwei seiner bekanntesten Lieder sind „Awesome God" und „Step by Step". Seine Lieder wurden von Künstlern und Bands wie John Tesh, Rebecca St. James, Michael W. Smith, Amy Grant, Third Day, Caedmon's Call und Jars of Clay nachgespielt.

Trotz seines Erfolges in der Musikbranche verärgerte Rich oft die christliche Musikszene. Er betrachtete die Musik nicht als das Wichtigste in seinem Leben. Sie ermöglichte es ihm lediglich, seiner höheren Berufung nachzujagen, nämlich Menschen zu lieben: Kinder, seine Nachbarn, Feinde und Nichtchristen. Manchmal erschien er unrasiert und barfuß bei seinen Konzerten. Um zu verhindern, dass andere ihn auf ein Podest hoben, bekannte er oft öffentlich seine Sünden und sein Versagen.

1995 zog Rich nach Arizona in ein Navajo-Reservat, um die Kinder, die dort lebten, in Musik zu unterrichten. Rich hatte keine Ahnung, wie erfolgreich sich seine Alben verkauften, da der gesamte Erlös von seinen Konzerten und Alben direkt in seine Gemeinde flossen. Sie zahlten ihm ein kleines Gehalt und gaben den Rest des Geldes weiter.

Im September 1997 fuhren Rich und ein Freund von ihm zu einem Benefizkonzert nach Wichita in Kansas, als ihr Jeep sich überschlug. Beide Männer wurden aus dem Wagen geschleudert. Rich wurde getötet, als ein vorbeifahrender Sattelzug plötzlich ausscherte, um dem Jeep auszuweichen, und ihn versehentlich überfuhr. Er war einundvierzig Jahre alt.

Rings

Ich weiß nicht genau, wie alt Rings ist, aber er ist mit Sicherheit das, was du einen alten Mann nennen würdest. Ich weiß auch nicht, wo er geboren wurde oder wie sein richtiger Name ist; man kennt ihn einfach als Rings. Sein Zuhause ist die Kabine seines Pick-ups, den er in der Nähe der Innenstadt von Ocean Beach in Kalifornien parkt. Er ist ein Exkettenraucher, Exsträfling, Exsüchtiger und Exalkoholiker.

Rings sagt gerne, dass wenn Jesus ihn erretten konnte, dann kann Jesus jeden retten. Also benutzt er seinen monatlichen Scheck nicht, um Alkohol zu kaufen oder sich ein Hotelzimmer zu mieten, sondern gibt alles im nahe gelegenen Supermarkt für Nahrungsmittel aus. Die verstaut er dann in den Kühlbehältern auf seinem Laster, fährt an den Strand und kocht Essen für seine obdachlosen Kumpels.

Während er das Essen zubereitet, erzählt er der versammelten Menge von der Freiheit, die Jesus in sein Leben brachte. Er erzählt ihnen, dass Gott derjenige war, der ihm sagte, er solle mit seinem Geld die anderen ernähren, und zwar weil Gott jeden von ihnen liebt. Dieser Mann gibt alles, was er hat, den anderen – buchstäblich alles –, weil er weiß, dass alles, was er besitzt, ihm von Gott geschenkt wurde.

Rachel Saint

Rachel wurde 1914 in Pennsylvania als einziges Mädchen von acht Kindern geboren. Ihr Vater war ein Glasmaler und als sie aufwuchs, hatte ihre Familie oft sehr wenig zu essen. Als Rachel achtzehn Jahre alt war, nahm eine freundliche, wohlhabende ältere Dame sie mit auf eine Reise nach Europa und bot ihr an, sie zu ihrer Erbin zu machen, wenn sie ihr für den Rest ihres Lebens Gesellschaft leisten würde. Als Rachel darüber nachdachte, wusste sie, dass sie das Angebot, ihr ganzes Leben bequem damit zu verbringen, Tee zu schlürfen und Unterhaltungen zu führen, nicht annehmen konnte.

Nachdem sie zwölf Jahre lang in einem Rehabilitationszentrum für Alkoholiker gearbeitet hatte, schrieb sie sich in eine Sprachschule ein und wurde Missionarin bei den Wycliff-Bibelübersetzern in Südamerika. Sie arbeitete mehrere Jahre mit den Shapra-Indianern in Peru, aber schließlich berief man sie nach Ecuador, um dort mit den Waorani-Indianern zu arbeiten, die berüchtigt waren, jeden Außenseiter sofort beim ersten Kontakt mit dem Speer zu töten.

Eines Tages wurde Rachel einer Waorani-Frau namens Dayuma vorgestellt, die einwilligte, Rachel die Sprache ihres Volkes zu lehren. Rachel studierte jahrelang die Sprache und erzählte Dayuma von Jesus Christus, während sie geduldig auf eine Gelegenheit wartete, zu den Waorani zu gehen, ohne getötet zu werden. Rachels eigener Bruder Nate, ein Pilot der *Mission Aviation Fellowship,* wurde von den Waorani getötet, als sie ihn und vier andere Missionare angriffen. Das verstärkte nur Rachels Verlangen, diesen Menschen von der Liebe Christi zu erzählen.

Viele Jahre später traf Rahel schließlich das Volk der Waorani und wohnte bei ihnen. Sie lebte zwanzig Jahre lang mit ihnen. Mit der Zeit veränderte sich ihre Kultur der Rache und des Mordes durch das Hören von „Gottes Schnitzereien" (den Worten der Bibel), wie sie es nannten. Das Volk der Waorani wurde ihre Familie. Sie gaben Rachel den Waorani-Namen Nimu, das bedeutet „Stern".

Später übersetzte Rachel dann das Neue Testament in ihre Sprache, und heute liegt sie in Ecuador begraben, bei ihrem Volk. Bei ihrer Beerdigung sagte ein Waorani-Freund: „Sie nannte uns ihre Brüder. Sie sagte uns, wie wir glauben sollen. Jetzt ist sie im Himmel … Gott baut dort ein Haus für uns alle, und dort werden wir Nimu wiedersehen."

Georg Müller

Georg wurde 1805 in Preußen geboren und besuchte die Universität in Halle, als er Christ wurde. Bis dahin war er berüchtigt für seine Spielschulden, Alkoholgeschichten und Seitensprünge. Aber sein Leben wurde verwandelt, als er Christus kennenlernte.

Nach Beendigung seines Studiums ging er nach England, um Prediger zu werden. Er und seine britische Frau ließen sich schließlich in Bristol nieder, wo sie sahen, wie viele Waisenkinder auf den Straßen umherstreunten. Niemand kümmerte sich um sie oder ernährte sie. Oft waren sie krank und es war praktisch vorhersehbar, dass die meisten in jungen Jahren sterben würden. Zu diesem Zeitpunkt hatten Schriftsteller wie Charles Dickens und William Blake noch nicht die Aufmerksamkeit auf die elende Lage dieser Kinder gelenkt, und es wurde nichts getan, um ihnen zu helfen.

Georg und seine Frau beschlossen, ein Waisenhaus zu eröffnen, das völlig gebührenfrei war, und für das sie niemals um Geld oder Unterstützung bitten würden. Wenn sie Nöte hatten, gingen sie damit nur zu Gott und vertrauten ihm, dass er ihnen alles gab, was sie brauchten.

Viele Leute waren skeptisch, und so wurde das Ziel der Müllers, ein Waisenhaus zu gründen, zu einer zweigleisigen Angelegenheit: einmal natürlich, um den Waisen zu helfen, zum anderen, um den Leuten zu zeigen, was es bedeutete, Gott in *allen Dingen* zu vertrauen.

Als das erste Waisenhaus eröffnete, beteten Georg und seine Frau Mary für alles, was sie benötigten. Laut Georgs sorgfältigen Aufzeichnungen versorgte Gott sie mit allem, worum sie baten. Als Georg 1898 starb, waren über 10.000 Waisen in den fünf von ihnen gebauten Waisenhäusern untergebracht und versorgt worden.

Zu seinen Lebzeiten gingen eineinhalb Millionen Pfund in Form von Spenden durch Georgs Hände. Er ließ jeden Cent den Bedürftigen zukommen. Nach seinem Tod schrieb eine britische Zeitung über Georg: „Er beraubte die grausamen Straßen um Tausende ihrer Opfer, die Gefängnisse um Tausende Verbrecher und die Armenhäuser um Tausende hilfloser Straßenkinder."[18] Eine andere Zeitung vermerkte, dass alles allein durch Gebet bewerkstelligt wurde.

Bruder Yun

Yun wurde 1958 im südlichen Teil der Provinz Henan in China geboren. Als er sechzehn Jahre alt war, begegnete Yun Jesus Christus. Damals lag sein Vater mit Magen- und Lungenkrebs im Sterben und seine Familie war am Verhungern. Mit den Jahren wuchs Yun im Glauben und begann, das Evangelium überall im Land zu predigen. Die Polizei verfolgte ihn ständig und verhaftete ihn über dreißig Mal. Für gewöhnlich gelang es ihm zu entkommen oder lange Haftstrafen zu umgehen, aber nicht immer. Yun verbüßte drei längere Freiheitsstrafen, einschließlich einer, die vier Jahre dauerte. Während dieser Zeit fastete er über einen Zeitraum von vierundsiebzig Tagen, ohne Nahrung und Wasser, und Gott gab ihm die Kraft. In diesen vier Jahren erduldete er heftige Folter wie wiederholte Schläge mit einer Peitsche und zahlreiche Elektroschocks mit einem Stromschlagstock.

Später wurde Yun in einem Hochsicherheitsgefängnis in Zhengzhou untergebracht. Um sicherzustellen, dass er nicht aus ihrem Gefängnis ausbrechen konnte, schlugen die Wachen auf Yuns Beine ein, bis er verkrüppelt war. Trotzdem spazierte Yun sechs Wochen später aus dem Gefängnis. Tore und Absperrungen, die immer verschlossen und verriegelt waren, hatten sich auf übernatürliche Weise geöffnet. Kein Wachmann versuchte ihn aufzuhalten. Er schien für sie unsichtbar zu sein. Erst als er draußen in Sicherheit war, bemerkte Bruder Yun, dass er mit seinen „gebrochenen" Beinen laufen konnte!

Bruder Yun und seine Familie kamen im September 2001 nach Deutschland, nachdem sie aus China geflohen waren, wo Yun noch immer von der Polizei gesucht wird. Heute ermutigen sie Gläubige in der ganzen

Welt, indem sie mitteilen, was Gott für sie tat, und auch heute noch in China und vielen anderen Orten tut.

Sie sind sehr engagiert bei *Back to Jerusalem* (dt. „Zurück nach Jerusalem"), einer Bewegung, die darauf abzielt „das Evangelium zu predigen und Gemeinschaften von Gläubigen in allen Ländern, Städten, Ortschaften und ethnischen Gruppen zwischen China und Jerusalem aufzubauen. Diese Vision ist keine leichte Aufgabe, denn innerhalb dieser Nationen liegen die drei größten geistlichen Festungen der Welt, die noch vom Evangelium erobert werden müssen: die Riesen des Islam, des Buddhismus und des Hinduismus."[19]

Shane Claiborne

Shane ist Ende zwanzig und lebt im Gemeinschaftshaus von *The Simple Way* (dt. „Der einfache Weg") in einer der schlimmsten Gegenden Philadelphias. Shane und die anderen Bewohner von *The Simple Way* arbeiten daran, Strukturen aufzudecken, die Armut fördern, und entwickeln alternative Lebensweisen. Sie nehmen die Worte Christi aus Matthäus 25,40 wörtlich, wo es heißt: „Wahrlich, ich sage euch: Was ihr einem dieser meiner geringsten Brüder getan habt, das habt ihr mir getan." Ihr Leben dreht sich nur darum, die Ärmsten der Armen und Kaputten in einer der härtesten Städte Amerikas zu lieben.

Sie tun das in ihrer eigenen Gemeinde, indem sie die Hungrigen speisen, Zeit mit den Kindern aus der Nachbarschaft verbringen, ein gemeinschaftliches Warenhaus betreiben und heruntergekommene Wohnblocks aufbessern, indem sie Gemeinschaftsgärten anlegen. Shane spricht auf vielen Konferenzen, in Gemeinden und auf Veranstaltungen im ganzen Land. Entsprechend der Gastfreundschaft, die die Urgemeinde kennzeichnete, wohnt Shane in Familien, wenn er irgendwo als Sprecher dient. Er bittet nicht um ein besonderes Honorar, sondern nimmt nur, was die Teilnehmer geben können, um den Dienst bei *The Simple Way* zu unterstützen.

Wenn er reist, bittet Shane die Leute, die ihn eingeladen haben, die Umwelt zu schonen, indem sie mit dem Fahrrad zur Arbeit fahren, Fahrgemeinschaften bilden oder Geld an eine entsprechende Organisation spenden. Alle Einnahmen von Shanes Buch *Ich muss verrückt sein, so zu leben* werden gespendet.

Im Jahre 2003 ging Shane mit dem *Iraq Peace Team* (ein Projekt von *Voices in the Wilderness* und *Christian Peacemaker Teams)* nach Bagdad. Dort besuchte er die Schauplätze der täglichen Bombardierungen, die Krankenhäuser, wo die Verletzten und die Familien, deren Wohnungen zerstört wurden, untergebracht wurden. Er nahm auch an Lobpreisgottesdiensten der irakischen Gläubigen teil. Um mehr über *The Simple Way* zu erfahren, besuche die Website www.thesimpleway.org.

Familie Robynson

Die fünfköpfige Familie – mit drei Kindern unter zehn Jahren – entschied sich, die Geburt Jesu in einer ganz besonderen Weise zu feiern. Anstatt sich auf die Geschenke unter dem Baum zu stürzen, backten sie am Weihnachtsmorgen Pfannkuchen, kochten eine große Kanne Kaffee und machten sich auf den Weg in die Innenstadt. Dort packten sie den Kaffee und das Essen in den Kofferraum ihres roten Kombis. Mit der Hilfe ihres eifrigen Dreijährigen fuhren sie mit dem Kombi durch die verlassenen Straßen und suchten nach den Obdachlosen, um ihnen am Weihnachtsmorgen ein warmes und sättigendes Frühstück anzubieten.

Alle drei Kinder der Robynsons freuen sich auf diese Zeit, wenn sie ein bisschen echte Liebe den Menschen geben können, die sonst in der Kälte sitzen und wahrscheinlich ohne Frühstück wären. Kannst du dir einen besseren Beginn einer Ferienzeit vorstellen, in der der Gott der Liebe gefeiert wird?

Susan Diego

Susan ist jetzt Ende vierzig, und sie wuchs in einem Zuhause auf, wo man Gott suchte. Ihr ganzes Leben lang versuchte sie, ihm zu gehorchen. Sie diente ihm in vielerlei Hinsicht, einschließlich der Arbeit mit den Studenten der Jugendgruppe ihrer Gemeinde an der öffentlichen Highschool. Sie lehrte junge Frauen, eine liebevolle Mutter zu sein. Sie zog selbst vier Kinder groß. Sie gründete eine Schule und öffnete ihr Heim, um Menschen jeden Alters und jeder Herkunft einen Platz der Ruhe zu bieten.

Als Susan jung war, sagte sie Gott, sie würde alles tun, was er von ihr verlangte, aber dass sie es hasste, vor Menschen zu sprechen und das lieber vermeiden würde. Vor Kurzem jedoch spürte Susan, wie Gott ihr Herz bewegte, dass sie sprechen und zusagen sollte, wenn sich eine Möglichkeit bot.

Und so war es auch. Während des Urlaubs in diesem Frühjahr reisten Susan, ihr Mann und ihre beiden jüngsten Kinder nach Uganda. Susan hatte dort die Verantwortung für eine Frauenkonferenz. Das bedeutete, dass sie mindesten zehn Mal über verschiedene Themen zu mehreren Hundert Frauen sprechen musste. Zuerst war Susan entsetzt bei dem Gedanken daran. Tatsächlich schießen ihr noch heute Tränen in die Augen, wenn sie davon spricht. Aber sie fügte sich. Sie sagte Ja zu Gott; Ja zu der einen Sache, von der sie hoffte, sie *nie* tun zu müssen.

Lucy

Wenn du Lucy in der Gemeinde treffen würdest, würdest du denken, sie wäre eine liebe Oma von nebenan. Sie ist die Art Frau, die auf dich zukommt, dich umarmt und sich dann vorstellt. Du würdest nie auf den Gedanken kommen, dass Lucy eine ehemalige Prostituierte ist.

Als Teenager und junge Frau Anfang zwanzig bestimmten Drogen und Prostitution ihr Leben. Durch eine ältere Frau, die Christin war und sich um Prostituierte kümmerte, lernte Lucy Jesus kennen, und ihr Leben wurde vollkommen verändert.

Bis zum heutigen Tag, beinahe vierzig Jahre später, lebt Lucy in der Nähe derselben Straßen, wo sie einst als Prostituierte arbeitete, und sie hat ständig ihr Haus für andere junge Frauen geöffnet, die ebenfalls in Prostitution verstrickt sind. In diesen Straßen ist allgemein bekannt, dass du immer in Lucys Haus kommen kannst, wenn du etwas brauchst. Sie besitzt nicht viel, aber ihr Heim ist immer offen. Prostituierte, Zuhälter, Drogenabhängige, Dealer und all die Menschen, denen die meisten ausweichen – Lucy bittet sie herein. Es ist ihre Art, die Menschen zu lieben, die verzweifelt nach der Hoffnung und der Liebe suchen, die Lucy vor vierzig Jahren nicht nur für sich fand.

Cornerstone Community Church

Wir gründeten Cornerstone im Jahr 1994. In den ersten Jahren gaben wir ungefähr vier Prozent unseres Budgets weiter. Mit den Jahren gaben wir immer mehr Geld weg. 2007 verpflichteten wir uns, 50 Prozent unseres Budgets weiterzugeben. Das taten wir, weil wir glauben, dass Jesus keine Witze machte, als er sagte: „Liebe deine Nächsten wie dich selbst." Wenn wir wirklich unsere Nächsten so lieben wollen, wie uns selbst, dann ist es doch sinnvoll, wenn wir ebenso viel für sie ausgeben, wie für uns selber.

Ein weiterer Ausdruck unseres Verlangens, andere zu lieben, ist unser neuer Gebäudeplan. Ursprünglich hatten wir einen schönen Plan für ein neues Gottesdienstgebäude, das uns viele Millionen Euro gekostet hätte. Jetzt stehen wir aber in Verhandlung, eine Baugenehmigung für ein Freilicht-Amphitheater zu bekommen, das reichlich Menschen Platz bietet und uns ungefähr 20 Millionen Dollar einspart. Sicher wird es Tage geben, an denen es draußen ungemütlich sein wird, aber dann ist da auch die Freude, zu wissen, dass wir im Kalten sitzen, damit jemand anders eine warme Decke haben kann.

Ich hoffe, dass diese Lebensberichte dich nachhaltig ermutigen. Ich hoffe, dass sie jede Ausrede für ein Leben aus der Welt schaffen, das nicht radikal und nicht von Liebe motiviert ist. Ich hoffe, sie fordern die vielen Menschen heraus, die sich unter „die Wohlhabenden berufen" fühlen und die Armen ignorieren. Falls dir die biblischen Beispiele unerreichbar scheinen, dann geben dir hoffentlich diese durchschnittlichen, ganz normalen Menschen die Hoffnung, dass auch du ein Leben führen kannst, das es wert ist, dass man darüber schreibt.

KAPITEL 10

Der Kern der Sache

Inzwischen fragst du dich wahrscheinlich: *Was in aller Welt bedeutet das für mich?* Nachdem der Apostel Petrus am Pfingsttag gepredigt hatte, „drang es ihnen durchs Herz, und sie sprachen … Was sollen wir *tun*, ihr Männer und Brüder?" (Apostelgeschichte 2,37). Die Urgemeinde reagierte sofort: Sie taten Buße, ließen sich taufen, verkauften ihre Habe und verkündeten das Evangelium.

Wir reagieren mit Worten wie: *Amen, überführende Predigt, großartiges Buch* … und sind dann wie gelähmt, wenn wir versuchen zu enträtseln, was Gott von uns erwartet. Ich stimme Annie Dillard zu, die einmal sagte: „Wir leben unser Leben so, wie wir unsere Tage verbringen." Wir alle müssen für uns selbst herausfinden, wie wir uns *heute* Gott in Ergebenheit unterordnen können, und „unsere Rettung mit Furcht und Zittern verwirklichen“ (siehe Philipper 2,12).

Solltest du dein Haus zum Verkauf ausschreiben und dich verkleinern? Vielleicht. Solltest du deine Arbeit mit einem bestimmten Ziel aufgeben? Vielleicht. Vielleicht möchte Gott aber auch, dass du dich auf deiner Arbeit mehr anstrengst und dort für ihn ein Zeugnis bist. Möchte Gott, dass du in eine andere Stadt oder in ein anderes Land ziehst? Vielleicht. Vielleicht möchte er aber auch, dass du bleibst, wo du bist, und deine Augen für die Nöte deiner Nachbarn öffnest. Ganz ehrlich, es ist auch für mich nicht immer so einfach herauszufinden, wie ich mein eigenes Leben führen soll!

Während du darüber nachdenkst, Entscheidungen triffst und versuchst zu erkennen, wie Gott dein Leben gestalten möchte, habe ich noch einen Vorschlag für dich. Frage dich: „Ist das die liebevollste Art, wie ich mein Leben leben kann? Liebe ich meinen Nächsten und meinen Gott, wenn ich da wohne, wo ich gerade wohne, wenn ich mein momentanes Auto fahre und wenn ich so rede, wie ich es tue?“ Ich bitte dich dringend, dein Leben so zu leben, dass du jeden Menschen, mit dem du in Berührung kommst, so siehst, als wäre er Jesus selbst.

Solche Fragen zu stellen und darüber nachzusinnen, weist in die richtige Richtung. Aber wir müssen weiter gehen, als nur die richtigen Fragen zu stellen. Wir haben öfter mal ein Aha-Erlebnis, aber wir handeln nicht danach. Erinnerst du dich an die Hochstimmung auf den Freizeiten, auf die immer diese unvermeidliche Flaute folgt? Oder an die Begeisterung, die du auf deiner ersten Missionsreise hattest, die aber schon bald nach deiner Rückkehr vergessen war? Erinnerungen sind etwas Wundervolles, aber lebst du deswegen anders?

Die Geschichten in Kapitel 9 sind kurze Momentaufnahmen davon, wie ein paar Menschen ein echtes Christentum in Amerika und auf der ganzen Welt ausgelebt haben. Ihr Leben ist eine Herausforderung an den gegenwärtigen Zustand der Gesellschaft und ein Beispiel für eine andere Lebensweise.

Der Punkt ist: Es *gibt* einen anderen Weg, eine Alternative zum Individualismus, zur Ichbezogenheit und zum Materialismus des sogenannten „American Dream“ (selbst in seiner „christlichen“ Version). Ich hoffe, diese Geschichten erinnern dich daran, dass Gott auf vielerlei Weise wirkt, und dass er mehr für dich auf Lager hat, als du dir jetzt tatsächlich vorstellen kannst.

Vor einigen Jahren lief eine Nike-Werbung mit Harold Miner, einem Auswahlspieler für die NBA, die nordamerikanische Basketball-Profiliga. In der Werbung sagte er so etwas Ähnliches wie: „Manche Leute fragen mich, ob ich vielleicht der nächste Magic Johnson, der nächste Larry Bird oder der nächste Michael Jordan sein werde. Dann sage ich ihnen: Ich werde der erste Harold Miner sein.“ Letztendlich hatte er eine miserable Karriere in der NBA, aber es war trotzdem ein cooler Werbespot. Und seine Kernaussage „Sei du selbst“ ist immer noch gültig.

Oswald Chambers schreibt: „Mache niemals aus deiner Erfahrung eine Regel. Lass Gott mit anderen ebenso originell umgehen, wie er es mit dir tut.“[20] Hier würde ich hinzufügen: „Gib acht, dass du nicht das Muster der anderen zu deinem eigenen machst.“ Gestatte Gott, genauso kreativ mit dir zu sein, wie er es mit jedem von uns ist.

Hast du jemals gesagt: „Ich wurde für diesen Augenblick geschaffen?“ Glaubst du, dass du für ganz bestimmte gute Werke gemacht wurdest, für Dinge, die Gott bereits wusste, bevor es dich überhaupt gab? Oder vergleichst du dein Leben mit anderen und beklagst dich über das, was du bekommen hast?

Unser Gott ist ein Schöpfer, kein Kopierer. Er hat noch nie zuvor einen Francis Chan erschaffen. Paulus sagt uns: „Es bestehen aber Unterschiede in den Gnadengaben, doch es ist derselbe Geist; auch gibt es unterschiedliche Dienste, doch es ist derselbe Herr; und auch die Kraftwirkungen sind unterschiedlich, doch es ist derselbe Gott, der alles in allen wirkt. Jedem aber wird das offensichtliche Wirken des Geistes zum (allgemeinen) Nutzen verliehen“ (1. Korinther 12,4-7).

Stell dir vor, du öffnest in deiner Küche eine Schublade und findest zwanzig Käsereiben und sonst keine anderen Geräte. Nicht sehr hilfreich, wenn du nach etwas suchst, womit du deine Suppe essen kannst. So wie es in der Küche verschiedene Gegenstände gibt, die unterschiedliche Funktionen haben, so erschuf Gott einzigartige Menschen, um in der ganzen Welt die unterschiedlichsten Aufgaben zu erfüllen.

Deshalb kann ich in diesem Buch nicht sagen: „Jeder sollte ein Missionar sein“ oder „Du musst dein Auto verkaufen und jetzt öffentliche Verkehrsmittel benutzen“. Aber *was* ich sagen kann ist, dass du lernen musst, von Gott zu hören und ihm zu gehorchen. Besonders in einer Gesellschaft, die es dir leicht macht, angenehm zu leben, und die von dir erwartet, das zu tun, was am wenigsten Widerstand bietet.

↓↑

Ich schrieb dieses Buch, weil so viele unserer Worte nicht mit unserem Leben übereinstimmen. Wir sagen Sachen wie: „Ich vermag alles durch den, der mich stark macht, Christus“ (Philipper 4,13) und „Vertraue auf den Herrn von ganzem Herzen“ (Sprüche 3,5). Und dann leben und planen wir, als ob wir nicht einmal an die Existenz Gottes glaubten. Wir richten unser Leben so ein, dass alles gut klappt, selbst wenn Gott nicht eingreift. Aber wahrer Glaube bedeutet, nichts zurückzuhalten. Er bedeutet, alle Hoffnung in Gottes Treue zu seinen Verheißungen zu setzen.

Ein Freund von mir sagte einmal, dass Christen wie Dünger sind: Streu sie aus und sie fördern überall das Wachstum. Aber hältst du sie alle beieinander in einem Haufen, dann stinken sie bloß. Wo stehst du? Bist du von der Sorte, die stinkt und um die die Leute einen großen Bogen machen? Oder bist du von der Art, die Gott genug vertraut, dass er dich ausstreuen kann – egal, ob das bedeutet, aus deiner gewohnten Gruppe christlicher Freunde herauszutreten, mehr materielle Dinge zu geben oder deine Zeit dazu zu verwenden, anderen zu dienen?

Ich wurde in meiner Collegezeit von meinem mangelnden Glauben überführt. Mir wurde klar, dass meine Entscheidungen mich in einen Haufen von stinkendem Dung befördert hatten, was mich motivierte, mich mal in wirklich unbequeme Situationen zu begeben. Ich fing an, in die Innenstadt von Los Angeles zu gehen und von meinem Glauben zu erzählen. Ich hörte nicht, „wie Gott mich berief", in die Innenstadt zu fahren. Ich entschied mich zu gehen. Ich folgte einfach Jesus nach zu denen auf den Straßen und in den Gassen und an den Zäunen (Lukas 14,23).

Die meisten von uns kennen diesen Satz: „Ich warte darauf, dass mir Gott den Ruf auf meinem Leben offenbart." Doch ich halte das für eine Ausrede, um eine Nachfolge zu vermeiden. Hast du gestern gehört, wie Gott dich berufen hat, vor dem Fernseher zu sitzen? Oder in deinen letzten Urlaub zu fahren? Oder heute morgen zu trainieren? Vermutlich nicht, aber du hast es trotzdem getan. Ich will damit nicht sagen, dass Urlaub oder Training falsch sind. Sondern vielmehr, dass wir schnell gute Gründe für unser Unterhaltungsprogramm oder unsere Prioritäten finden, aber träge sind, wenn es darum geht, uns Gott hinzugeben und ihm zu dienen.

Ein Freund von mir hielt kürzlich eine Predigt. Hinterher kam ein Mann zu ihm und sagte: „Ich würde ja Gott als Missionar in Übersee dienen, aber ehrlich, wenn ich jetzt ginge, dann wäre das nur aus Gehorsam." Die Antwort meines Freundes war: „Ja, und ...?" Jesus sagte: „Liebt ihr mich, so haltet meine Gebote!" (Johannes 14,15). Er sagte nicht: „Liebt ihr mich, so haltet meine Gebote, wenn ihr euch berufen fühlt, oder wenn es euch bei diesem Gedanken gut geht ..." Wenn wir lieben, gehorchen wir auch. Punkt. Dieser nüchterne Gehorsam ist ein Teil dessen, was es bedeutet, ein Leben im Glauben zu leben.

Der größte Segen, den ich auf diesen Reisen in die Innenstädte erlebte, war, als Gott in Situationen wirkte, in denen er einfach handeln musste. Daraufhin beschloss ich, mich regelmäßig Umständen auszusetzen, die mir Angst machen und die erfordern, dass Gott eingreift. Wenn ich so auf mein Leben zurückschaue, wird mir klar, dass das die Zeiten meines Lebens waren, die mich am meisten befriedigten und die für mich am bedeutungsvollsten waren. Es waren Zeiten, in denen ich wirklich das Leben und Gott selbst erlebte.

Lange Zeit meines Lebens verstand ich nicht, wie begehrenswert Gott war, und ich vertraute auch nicht genug auf seine Liebe, um ihm meine Hoffnungen und Träume hinzulegen. Ich lebte ständig in einem Zustand, in dem ich versuchte, „hingegeben genug" zu sein, aber das schaffte ich nie so richtig.

Ich wusste, dass Gott alles von mir wollte, dennoch fürchtete ich mich davor, was eine vollkommene Hingabe an ihn bedeuten könnte. Es funktionierte erst recht nicht, wenn ich mich noch mehr anstrengte. Nach und nach lernte ich, dann zu beten, wenn ich Gottes Hilfe brauchte, und er wurde nun meine größte Liebe und mein größtes Verlangen.

Trotz dieser enormen Veränderung meiner Ausrichtung und der Art der Beziehung zu Gott kämpfe ich immer noch darum, jeden Tag ausschließlich auf Jesus konzentriert zu bleiben. Aber ein paar Dinge helfen mir weiterzumachen.

Erstens: Ich halte mir vor Augen, dass ich unsere Beziehung vernachlässige, wenn ich aufhöre, Christus zu suchen. Wir kommen Gott niemals näher, wenn wir einfach so dahinleben. Es erfordert ein bewusstes Streben und viel Aufmerksamkeit. Wenn ich bete, bitte ich Gott manchmal darum, dieses Gebet zum innigsten Gebet zu machen, das ich *jemals* betete. Wenn ich in meiner Gemeinde oder bei anderen Veranstaltungen spreche, mache ich mir ganz oft bewusst, dass ich gleich nach der Predigt sterben könnte. Was wären dann meine letzten Worte?

Zweitens: Ich denke daran, dass wir nicht alleine sind. In diesem Augenblick gibt es im Himmel Tausende von Wesen, die beobachten, was hier unten vor sich geht – eine „große Wolke von Zeugen", wie die Schrift sagt (Hebräer 12,1). Das erinnert mich daran, dass noch so viel mehr zu unserem Leben gehört als das, was wir sehen können. Was wir hier tun, hallt durch die Himmel in die Ewigkeit hinein. Versuche einmal, dir einen ganzen Tag lang den Himmel bewusst zu machen. Begreife, dass sehr vieles außerhalb dieser Dimension und unserer Existenz vor sich geht. Gott und seine Engel sehen zu, selbst jetzt, in diesem Moment.

Was mich wirklich antreibt, ist die Gabe und die Kraft, die uns durch den Heiligen Geist gegeben ist. Bevor Christus diese Erde verließ, sagte er seinen Jüngern: „Aber ich sage euch die Wahrheit: Es ist gut für euch, dass ich hingehe; denn wenn ich nicht hingehe, so kommt der Beistand nicht zu euch. Wenn ich aber hingegangen bin, will ich ihn zu euch senden. Und wenn jener kommt, wird er die Welt überführen von Sünde und von Gerechtigkeit und vom Gericht … Wenn aber jener kommt, der Geist der Wahrheit, so wird er euch in die ganze Wahrheit leiten" (Johannes 16,7-8.13).

Die Jünger waren vermutlich sehr schockiert bei dem Gedanken, dass es für sie gut war, wenn Jesus wegging. Was könnte schon besser sein, als Jesus an seiner Seite zu haben? Wäre es dir nicht auch lieber, Jesus jeden Tag körperlich an deiner Seite zu haben, als einen schwer vorstellbaren Heiligen Geist, der in dir wohnt?

Du und der Heilige Geist

Unser Bild vom Heiligen Geist ist zu klein. Der Heilige Geist ist der Eine, der die Gemeinde verändert, aber wir müssen bedenken, dass der Heilige Geist in uns lebt. *Es sind die einzelnen Menschen, die ein geisterfülltes Leben führen, die die Gemeinde verändern.*

In Epheser 5, Vers 18 heißt es: „Werdet voll des Geistes." Wenn du im griechischen Urtext nachsiehst, steht dieser Vers dort im Präsens (Gegenwart) und im Imperativ (Befehlsform), als ein fortwährendes Gebot, aber auch im Passiv. Der Präsens Imperativ bedeutet, dass wir uns nicht nur einmal mit dem Heiligen Geist füllen, sondern es ist etwas, das wir immer wieder tun sollen. Das passive Element daran vermittelt uns, dass Gottes Handeln notwendig ist, um erfüllt zu werden.

Ich war noch nie so begeistert von der Gemeinde. Ich glaube, es gibt gewaltige Gründe dafür, Gutes zu erwarten. Zu Beginn dieses Kapitels erwähnte ich, was Annie Dillard schrieb: „Wir leben unser Leben so, wie wir unsere Tage verbringen." Ähnlich ist es mit dem Leib Christi: Die Art, wie wir als Gläubige unser Leben führen, spiegelt im Kleinen das Leben der Gemeinde wider.

Es ist meine Hoffnung und mein Gebet, dass du dieses Buch mit Hoffnung zu Ende liest und weißt, dass ein Teil deiner Verantwortung im Leib Christi darin besteht, das Tempo der Gemeinde mitzubestimmen, indem du Christus zuhörst, gehorchst und für ihn *lebst*. Dass du weißt, dass Gott jeden von uns berufen hat, durch die Kraft des Heiligen Geistes ein treues und hingegebenes Leben für ihn zu führen. Du musst nicht unbedingt deinem Pastor oder deiner Gemeinde predigen; du brauchst nur in deinem täglichen Leben die Liebe und den Gehorsam, den Gott von dir erwartet, auszuleben.

Kürzlich erzählte man mir von einem Mann, der mich über 1. Korinther 15, Verse 19-20 predigen hörte, wo Paulus schreibt: „Wenn wir nur in diesem Leben auf Christus hoffen, so sind wir die elendesten unter allen Menschen! Nun aber ist Christus aus den Toten auferweckt." Dieser Mann war überführt: Wenn Christus wirklich lebendig war, dann musste er auch dementsprechend leben. Also gab er seine gut bezahlte Arbeitsstelle auf und wurde Pastor – dazu hatte er sich bereits seit einiger Zeit berufen gefühlt.

Wenn Menschen ihr Leben derart verändern, hat das größere Auswirkungen, als wenn sie nur leidenschaftliche Erklärungen abgeben. Die Welt braucht Christen, die nicht länger die Selbstgefälligkeit ihres eigenen Lebens dulden.

Womit möchte ich gerade beschäftigt sein, wenn Christus wiederkommt?

Nun sind wir am Schluss dieses Buches angelangt. Ich glaube, es ist kein Zufall, dass Gott mich in der letzten Woche so sehr durch die Geschichte von drei Gläubigen ermutigte, die in der Türkei als Märtyrer starben.

Ich schreibe dies im April 2007, und die Nachrichten über die drei Märtyrer aus der Türkei – Tilman, Necati und Ugur – sind noch ganz frisch. Ich bekomme sie nicht aus meinen Gedanken. Sie wurden drei Stunden lang gefoltert, und zwar in einer Art und Weise, von der ich nicht einmal wusste, dass so etwas menschenmöglich ist. Ich erspare dir die Details, aber es war abscheulich und entsetzlich. Ich stelle mir vor, wie sie wohl einander mit Blicken ansahen, während sie gefoltert wurden, die besagten: „Halte noch ein bisschen durch. Verleugne ihn nicht! Es ist das alles hier wert!"

Es sind etwa eineinhalb Wochen vergangen seit ihrem Tod. Wie groß wird wohl jetzt ihre Begeisterung sein?! Ich kann mir nicht vorstellen, wie sie sich nur fünf Sekunden nach ihrem Tod fühlten. Aber ich weiß, wenn ich sie einmal treffe, werden sie sagen, dass es das alles wert war. In Hunderten, Tausenden oder Millionen Jahren werden sie noch immer sagen, dass es sich so unbeschreiblich gelohnt hat. Im Himmel werden wir uns Geschichten von treuen Heiligen erzählen, so wie die unserer Brüder, die in der Türkei getötet wurden.

Die Bibel sagt deutlich, dass jeder von uns einmal vor Gott stehen wird und Rechenschaft für sein Leben ablegen muss:

„Denn wir alle müssen vor dem Richterstuhl des Christus offenbar werden, damit jeder das empfängt, was er durch den Leib gewirkt hat, es sei gut oder böse" (2. Korinther 5,10).

„Du großer und starker Gott, dessen Name ‚Herr der Heerscharen' ist … um jedem Einzelnen zu geben gemäß seinen Wegen und gemäß der Frucht seiner Taten" (Jeremia 32,18-19).

„Wir werden ja alle vor dem Richterstuhl des Christus erscheinen; denn es steht geschrieben: ‚So wahr ich lebe, spricht der Herr: Mir soll sich jedes Knie beugen, und jede Zunge wird Gott bekennen'. So wird also jeder von uns für sich selbst Gott Rechenschaft geben" (Römer 14,10-12).

Was werden die Menschen im Himmel über dein Leben sagen? Werden sie davon sprechen, wie Gott sein Werk durch dich getan und seine Herrlichkeit durch dich gezeigt hat? Und was noch wichtiger ist, was wirst du dem König antworten, wenn er fragt: „Was hast du mit dem gemacht, was ich dir gab?" Daniel Webster sagte einmal: „Der gewaltigste Gedanke, der mir je in den Sinn kam, ist, dass ich eines Tages vor einem heiligen Gott stehen werde und Rechenschaft über mein Leben abgeben muss." Damit hat er recht.

Nun schließe ich dieses Buch. Beuge deine Knie vor einem heiligen, liebenden Gott. Und dann lebe dein Leben mit deinen Freunden, deiner Familie, deinen Eltern, deinem Ehegatten, deinen Kindern, deinen Nachbarn, deinen Feinden und den Fremden – das Leben, das er geschaffen und für das er dich durch den Heiligen Geist auch befähigt hat.

Hoffentlich kannst du am Ende deines Lebens zusammen mit Paulus sagen:

„Ich habe den guten Kampf gekämpft, den Lauf vollendet, den Glauben bewahrt. Von nun an liegt für mich die Krone der Gerechtigkeit bereit, die mir der Herr, der gerechte Richter, an jenem Tag zuerkennen wird, nicht aber mir allein, sondern auch allen, die seine Erscheinung lieb gewonnen haben" (2. Timotheus 4,7-8).

IM GESPRÄCH MIT FRANCIS CHAN

Frage: Erzähl uns etwas über den US-Titel ***CRAZY LOVE!***

Antwort: Die Idee von *CRAZY LOVE* hat mit unserer Beziehung zu Gott zu tun. Mein ganzes Leben lang hörte ich die Menschen sagen: „Gott liebt dich." Wahrscheinlich ist das die stärkste Aussage, die man machen kann, wenn man sagt, dass der ewige Schöpfer dieses Universums in mich verliebt ist. Darauf sollte von uns Gläubigen eine Reaktion erfolgen – eine intensive Reaktion auf diese Liebe. Hast du wirklich verstanden, was Gott für dich getan hat? Wenn ja, warum ist dann deine Antwort so lauwarm?

Frage: Die emergente Bewegung will Veränderung in der Gemeinde sehen. Worin unterscheidet sich deine Botschaft und Vorgehensweise?

Antwort: Als Pastor höre ich oft, wie Leiter dieser Bewegung darüber reden, was mit der Gemeinde nicht stimmt. Das wirkt manchmal so, als ob derjenige die Gemeinde nicht liebt. Ich bin zuallererst Pastor, und ich versuche, eine Lösung oder ein Modellbeispiel anzubieten, wie die Gemeinde aussehen sollte. Ich lese in der Schrift und sehe, wie die Gemeinde in ihrer ursprünglichsten Form aussah, und ich versuche, das in meiner eigenen Gemeinde wiederherzustellen. Ich denke mir nichts Neues aus. Ich rufe die Menschen auf, zu dem zurückzugehen, was einmal war. Ich mache die Gemeinde nicht schlecht. Ich liebe sie.

Frage: Was meinst du? Warum geben so viele Christen der Gemeinde die Schuld für ihr eigenes Versagen?

Antwort: Wir neigen alle dazu, unser Verhalten zu rechtfertigen. Wenn wir nicht so leben, wie Gott es möchte, ist es das Einfachste, jemanden oder etwas anderes dafür verantwortlich zu machen. Das geschieht nicht nur in der Gemeinde. Man kann es überall beobachten. Die Leute schieben es auf ihre Eltern, auf eine hormonelle Unausgeglichenheit – was auch immer –, anstatt auf sich selbst zu sehen und sich durch den Heiligen Geist verändern zu lassen. Das Gleiche geschieht in der Gemeinde. Jeder von uns, der den Heiligen Geist hat, hat auch das Potenzial, ein Leben zu leben, das diese Art „crazy love" widerspiegelt. Aber es ist einfacher, nicht so zu leben und jemand anders verantwortlich zu machen.

Frage: Du sprichst davon, an Gott zu glauben, ohne die leiseste Ahnung zu haben, wer er überhaupt ist. Wie ist das als Christ möglich?

Antwort: Weil so wenig über Gott selbst gelehrt wird, wollen die meisten Menschen nur wissen, was Gott für sie tun kann, und haben aber nicht den Wunsch, ihn selbst kennenzulernen. Wenn wir den Menschen das Evangelium vorstellen, versuchen wir eine Frage zu beantworten: Wie werde ich vor der Hölle bewahrt? Wenn diese Frage beantwortet ist, stellen wir keine weiteren Fragen mehr über Gott selbst. Obwohl die Gemeinde so besorgt um ihre Neubekehrten ist, nimmt man sich nicht die Zeit, dem Menschen das vollständige Bild von Gott darzustellen. Wir versuchen nicht, tief in der Wahrheit Gottes zu graben. Wir müssen die Eigenschaften Gottes kennenlernen, bevor wir wissen können, wie er ist.

Frage: Was ist eine „gebende Gemeinde"? Wie praktizierst du das in deiner eigenen Gemeinde? Warum denkst du, ist es für die Gemeinde wichtig, an diesen Punkt zu gelangen?

Antwort: In meinen Augen war das für unsere Gemeinde die großartigste Sache. Ich sehe in meinem eigenen Leben so oft, wie Gott sich erweist, wenn ich gebe. In der Gemeinde gaben wir nicht in der Weise, wie ich es persönlich tat. Ich fragte dann immer: Gott, wirst du es in meiner Gemeinde schaffen? Ich wollte die Botschaft „Liebe deinen Nächsten wie dich selbst" in die Tat umsetzen. Es war ein Ausprobieren und auch ein Glaubensschritt. Die Cornerstone Community Church gibt 55 Prozent von allem, was wir einnehmen, und unser Zustand ist gesünder als je zuvor.

Wir verpflichteten uns, umgerechnet ca. 770.000 Euro an *Children's Hunger Fund* (eine Stiftung für hungernde Kinder) zu spenden, und bezahlten alle drei Monate etwas über 190.000 Euro. Während der Sommerzeit waren unsere Mittel knapp. Ich dachte: „Wo sollen wir nur das Geld für *Children's Hunger Fund* hernehmen? Ich machte während des Opfers keinen Aufruf und erwähnte die Situation auch nicht unserer Gemeinde gegenüber. An diesem Sonntag waren im Opfer etwa 770 Euro mehr als vereinbart. Gott sagte: „Genau das sollt ihr tun." Und das war die unmittelbare Bestätigung dafür. Das baut den Glauben der Leute auf, und unsere Gemeinde sah die Hand Gottes auf dieser Angelegenheit. Deshalb denke ich, ist es so großartig, eine gebende Gemeinde zu sein.

Frage: Es liegt so eine Dringlichkeit in deiner Botschaft. Wie kommt das?

Antwort: Ich denke, von zwei Dingen. Zum einen habe ich fast jede Woche eine Beerdigung. Dabei handelt es sich oft um Menschen, die jünger sind als ich, und so viele sterben völlig unerwartet. Wenn ich dann den Schock ihrer Angehörigen sehe und begreife, dass Gott jederzeit unser Leben beenden kann, entsteht in mir eine gewisse Dringlichkeit.

Der andere Grund ist meine Erziehung. Meine Mutter starb bei meiner Geburt. Meine Stiefmutter starb, als ich neun Jahre alt war. Mein Vater starb, als ich zwölf war. Ich lernte, dass es vielleicht kein Morgen geben würde. Ich möchte immer, dass das in meinen Predigten zur wichtigsten Botschaft wird, falls ich nicht mehr da sein werde, um eine weitere zu predigen.

Diese Dringlichkeit entstand in mir durch meine Kindheit und dadurch, dass ich bei so vielen Beerdigungen war und so viele Freunde sterben sah. Ich kann nicht anders, als meine Botschaft dringlich zu machen.

Frage: Du sprichst darüber, was es bedeutet, ein lauwarmer Christ zu sein. Du machst hier eine kühne Aussage, nämlich dass Kirchgänger, die „lauwarm“ sind, gar keine Christen sind, und wir sie nicht im Himmel sehen werden. Wie erklärst du das? Wo kommt bei dieser Aussage die Gnade ins Spiel?

Antwort: Ich erkläre das mit der Schriftstelle aus Offenbarung 3 und sehe mir diese Passage ganz unvoreingenommen an. Gott sagt hier, dass er die Lauen aus seinem Mund ausspeien wird, und das ist ein drastischer Unterschied dazu, wenn Gott dich annimmt und im Himmel willkommen heißt. Die Lauwarmen müssen noch errettet werden. Wie können wir nur behaupten, dass ein lauer Christ errettet ist?

Errettung hat nichts mit Leistung zu tun. Wenn ich wirklich errettet bin, dann werden meine Taten das dennoch zeigen. Im ganzen Neuen Testament wird der Glaube eines Menschen in seinen Taten sichtbar. Die Lehre des Neuen Testaments ist eindeutig. Wenn jemand Gott liebt, ihm aber nicht gehorcht, dann ist er ein Lügner und die Wahrheit ist nicht in ihm.

Es ist nicht sehr beliebt, die Taten und die Errettung eines Menschen infrage zu stellen. Die Schrift lehrt uns auch, uns selbst zu prüfen und zu erkennen, ob wir wirklich im Glauben stehen. Ich glaube zu hundert Prozent an die Gnade, dass ich nichts dazu beigetragen habe, und dass ich vollkommen errettet bin durch das Kreuz. Durch die Gnade Gottes glauben wir und werden wir errettet. Wenn jemand den Heiligen Geist in sich hat, dann bringt er auch Frucht und es wird kein lauwarmes Leben geben.

Frage: Sag uns etwas über das Kapitel „Das Beste des Lebens kommt erst".

Antwort: Es geht hier nur um den Himmel. Hebräer 11 ist voll von Märtyrern, die erst hinterher die Erfüllung erlebten. Die Schrift spricht von dem Leben, das nach diesem kommt. Wir sollen uns Schätze im Himmel sammeln. Warum sollten wir uns hier auf der Erde Schätze anhäufen? Das ist eine Frage des Glaubens. Viele Christen sagen: „Ich glaube an den Himmel." Aber ihr Verhalten beweist, dass sie es doch nicht tun. Wenn wir wirklich glauben, dass wir eine Ewigkeit voller Belohnungen vor uns haben, wenn wir Dinge auf dieser Erde aufgeben, dann ist es doch das Einzige, das wirklich einen Sinn ergibt.

Frage: In einem Kapitel schreibst du: „Wage es, dir vorzustellen, was es für dich bedeutet, wenn du die Worte Jesu ernst nimmst." Was meinst du damit? Warum denkst du, dass so viele Christen diese Herausforderung ablehnen würden?

Antwort: Wir sind darauf eingestellt, Botschaften zu hören, ohne darauf zu reagieren. Predigten sind zur christlichen Unterhaltung geworden. Wir gehen in die Gemeinde, um eine ausgefeilte Predigt und einen überführenden Gedanken zu hören. Wir sind darauf trainiert zu glauben, dass unser Job erledigt ist, sobald wir überführt sind. Wenn du einfach nur das Wort hörst, aber nicht danach handelst, dann betrügst du dich selbst.

Ich erinnere mich, als ich einmal über Lukas 6 predigte und die Stelle erwähnte, wo es heißt: „Tut Gutes denen, die euch hassen" (Lukas 6,27). Ich bat die Menschen in der Gemeinde, an jemanden zu denken, der sie hasste, und dann fragte ich: „Seid ihr bereit, dieser Person etwas Gutes zu tun? Werdet ihr das tun? Ja oder Nein?" Ich sagte: „Dann sage das zu Gott: Nein, das werde ich nicht tun." Diese Aussage wollen wir nicht machen, weil wir zu Gott nicht Nein sagen wollen, aber trotzdem tun wir es jeden Tag.

Wir denken das Ganze nicht zu Ende, weil wir die Gewohnheit entwickelt haben, das Wort Gottes zu hören, ihm aber nicht zu gehorchen. Wenn wir die Schrift beim Wort nehmen und sie tatsächlich anwenden, werden wir nicht das bekommen, was unser Fleisch begehrt, also gehen wir traurig weg, oder wir gehen in eine Gemeinde, in der auch niemand danach handelt und scheinbar gut damit zurechtkommt.

Frage: Was sagst du den Menschen, die behaupten, du würdest die Bibel zu wörtlich nehmen?

Antwort: Wenn mir jemand sagt, dass ich die Bibel zu wörtlich nehme, dann bitte ich sie eindringlich, ihr eigenes Herz infrage zu stellen. Ich frage sie, ob sie denn wirklich glauben, dass wir die Bibel nicht wörtlich nehmen sollten, oder ob es der Einfluss anderer Leute ist, die das sagen. Ich bringe die Leute gerne dazu, selbstständig zu denken, und nicht einfach mit dem Strom zu schwimmen. Wenn Gläubige allein mit dem Wort Gottes sind, kommen sie zu derselben Schlussfolgerung wie ich. *Eine vollkommen verrückte Liebe* appelliert an die Gedanken, die alle Christen haben, wenn sie mit Gott alleine sind. Denn da erkennen sie, dass sie die Schrift beim Wort nehmen sollten. Das würde ich diesem Menschen empfehlen.

Frage: Was hat der amerikanische Traum mit lauwarmem Glauben zu tun?

Antwort: Es ist sehr interessant, über den amerikanischen Traum zu sprechen. In Lukas 12 erzählt Jesus das „Gleichnis vom reichen Narr". Da ist dieser Mann. Er ist reich und hat viele Güter. Er baut größere Scheunen, damit er viel lagern kann. Er sagt: „Seele, du hast einen großen Vorrat auf viele Jahre, habe nun Ruhe, iss, trink und sei guten Mutes!" (Lukas 12,19). Das heißt, er wird sich zur Ruhe setzen und sich amüsieren – der amerikanische Traum. Gott sagt: „Du Narr! In dieser Nacht wird man deine Seele von dir fordern!" (Vers 20).

Wir sollten uns keine Sorgen um unser Leben machen, was wir essen, kaufen oder tragen werden. Gott sagt, dass der amerikanische Traum absolut töricht ist. Aber genau das praktizieren und verteidigen die Christen. Gott könnte dein Leben jederzeit beenden. Passe dich nicht dem Vorbild dieser Welt an.

Frage: Glaubst du, dass Gott dich beruft, ein radikales Leben zu führen?

Antwort: Nicht dieser Lebensstil sollte für uns das Besondere sein. Er sollte der einzige sein, der überhaupt einen Sinn ergibt! Es ist nur folgerichtig, für das „Leben danach" alles aufzugeben und zu opfern. Es ist doch viel mehr völlig unsinnig, ein sicheres Leben zu führen und alles zu horten, während wir versuchen, unsere Zeit auf dieser Erde zu genießen, wo wir doch wissen, dass Gott in einem Sekundenbruchteil unser Leben beenden könnte. Das ist für mich das so offensichtlich Widersinnige, aber das ist sehr einschneidend. Die Dummköpfe sind die Menschen, die so leben, als gäbe es keinen Gott. Für mich ist das ein Wahnsinn.

ÜBER DIE KOAUTORIN

Danae Yankoski machte ihren Abschluss auf dem Westmont College, wo sie Englische Literatur studierte. Dort traf sie auch ihren besten Freund und jetzigen Ehemann Mike. Sie veröffentlichte ihr erstes Buch im Alter von sechzehn Jahren und nahm seitdem an verschiedenen Schreibprojekten teil. Zu Danaes Lieblingsbeschäftigungen gehören unter anderem Becher voll dampfenden Tees, Wandern, Laufen und der Aufenthalt im Freien. Außerdem anregende Gespräche, Kontakt mit verschiedenen Kulturen und das Spielen mit ihrem neuen schwarzen Labradorwelpen Elliott. Sie und Mike verbrachten kürzlich mehrere Monate in afrikanischen und südamerikanischen Gemeinden, in denen es kein sauberes Wasser gab. Ihr Anliegen ist es, über Erfahrungen zu schreiben, die den Leser über die Statistiken hinausführen, um seinen Nächsten wirklich so zu lieben wie sich selbst.

QUELLENVERWEISE

1. R. C. Sproul, *Die Heiligkeit Gottes,* Hänssler 1996
2. A. W. Tozer, *Das Wesen Gottes,* Hänssler 2001, S. 10
3. Frederick Buechner, *The Hungering Dark,* HarperOne, New York, 1985, S. 2
4. Wikipedia, s.v. „Weltbevölkerung", http://de.wikipedia.org/wiki/Weltbevölkerung#Historische_Entwicklung_der_Weltbevölkerung
5. Frederic D. Huntington, *Forum* magazine, 1890
6. David Goetz, *Death by Suburb* (New York: HarperOne, 2007), S. 9
7. C. S. Lewis, *Pardon, ich bin Christ,* Brunnen 1992, S. 123
8. Robert Murray M'Cheyne, zitiert in John Piper, *Don't Waste Your Life* (Wheaton, IL: Crossway, 2003), S. 105
9. Mark Buchanan, *The Rest of God* (Nashville: Thomas Nelson Publishers, 2007), S. 158
10. Henri Nouwen, *Mit offenen Händen,* Herder 1996
11. A. W. Tozer, *Gottes Nähe suchen* (*The Pursuit of God,* Camp Hill, PA: WingSpread, 2007)
12. John Piper, *God is the Gospel* (Wheaton, IL: Crossway, 2005), S. 15
13. David Livingstone (aus seiner Rede an der Cambridge University, Cambridge, England, 4. Dezember 1857)
14. Im Gedenken an Matthew Henry
15. Siehe www.familyresource.com
16. Siehe www.mossyfoot.com
17. Siehe www.standwithafrica.org
18. Janet Berge, George Mueller: *Guardian of Bristol's Orphans* (Seattle: YWAM, 1999), S. 196
19. Siehe www.backtojerusalem.com
20. Oswald Chambers, *Mein Äußerstes für sein Höchstes,* 13. Juni